AF389695

L'ART
D'AIMER,
ET
LE REMEDE D'AMOUR,

TRADUCTION D'OVIDE,

ORNÉE DE FIGURES.

A AMSTERDAM,

M. DCC. LI.

AVERTISSEMENT.

IL eſt ſi difficile d'annoncer une Verſion d'Ovide, ſans être tenté de diſcourir ſur le mérite de l'Original , qu'on doit nous tenir preſque autant de compte de ce que nous nous abſtiendrons de dire, que de toute l'érudition dont nous pourrions ennuyer le Lecteur. C'eſt renoncer ſans doute à des avantages que les Editeurs ne négligent guéres : mais ceux qui entendent la Langue d'*Ovide*, n'ont pas beſoin de nos Réflexions, pour ſentir les beautés de ſes écrits ; & ceux pour qui les Traductions ſont faites , pourroient nous ſoupçonner d'enthouſiaſme.

L'A RT D'A I M E R, que de bons Critiques regardent comme le chef-d'œuvre d'*Ovide* , a pourtant eu ſes Cenſeurs (*a*). Ceux qui n'ont point le goût de l'Antiquité, & qui ramenent tout au leur propre, ou au

(*a*) L'Auteur d'un nouvel *Art d'Aimer*, qui parut il y a quelques années, eſt un de ceux qui a le plus maltraité *Ovide*. Mais quand il n'auroit pas pris tant de ſoin de nous informer de ſa grande jeuneſſe, la hardieſſe, ou plûtôt la témérité de ſa cenſure décéloit aſſez le jeune homme.

a ij

génie plus compassé des Modernes, trouvent cet Ouvrage peu Didactique, & trop décousu. Ils sont blessés de toutes les digressions du Poëte, & ne lui passent ni l'érudition qu'il répand avec excès, selon eux, ni l'usage trop fréquent qu'il fait de la Fable. Les Partisans d'*Ovide* au contraire apperçoivent dans l'*Art d'Aimer* plus de méthode, qu'il n'y en a dans aucun autre écrit des Anciens ; & à l'exception de quelques Peintures, ou d'un petit nombre d'expressions qu'on ne peut véritablement justifier, tout le reste est précieux pour des gens qui font leur étude de l'Antiquité, & tourne au profit de leur érudition. C'est-là qu'on retrouve en effet & les mœurs de Rome, & presque tous les usages de la vie civile d'un peuple toujours intéressant ; ensorte que cet Ouvrage est pour nous une source de découvertes littéraires. Telle est l'idée générale qu'on peut se former de l'*Art d'Aimer d'Ovide*, & tel est le fruit qu'on en peut tirer.

Mais pour ne parler que des agrémens de ce Poëme, quel écrit plus rempli de graces, & de ces traits fins, délicats, naïfs, *qui disent & ne disent pas*, comme s'exprime *La Fontaine*? La seule matiere de cet Ouvrage intéressoit trop l'imagination, pour ne pas exciter vivement la nôtre , & peu de Livres ont été plus souvent traduits en François. Nous en avons nombre de versions , en prose & en vers , dont on peut voir le détail dans le sixiéme Tome de la *Bibliotheque Françoise* du Laborieux & sçavant *Abbé Gouget*. Il est vrai qu'on n'en peut presque lire aucune , & qu'elles soutiennent toutes fort mal la réputation de l'Ecrivain de Rome. Aussi n'est-ce pas une petite entreprise que de faire parler notre langue au Poëte le plus spirituel & le plus galant du siécle d'Auguste. Je ne sçai même , si , pour traduire un Auteur du caractere d'*Ovide* , il ne faudroit pas être en quelque sorte identifié avec l'Amant de Corinne , je veux dire participer du tour facile de son esprit , & même un peu de sa complexion ; en un mot sentir comme lui , ce qu'il n'exprimoit si bien , si heureusement , que parce qu'il sentoit , avant de penser. La difficulté de rencontrer un génie aussi conforme à celui d'*Ovide* , fait peutêtre qu'on ne sçauroit esperer de voir ce Poëte aussi bien rendu , qu'il devroit l'être , pour être entendu de tous les Lecteurs.

On prétend néanmoins qu'il existe une très bonne Traduction en vers de l'*Eroto-technie* Latine ; & si elle est réellement de l'Ecrivain que l'on nomme, du gracieux & délicat Chantre de *Claudine,* j'ose le dire, au hazard de citer encore,

J'attends tout de l'Auteur, encor plus du Sujet.

Mais tant que nous ferons privés de cet aimable Ouvrage, nous aurons lieu de nous plaindre de la foibleſſe, ou du peu de talent des Traducteurs d'*Ovide*. Il y a pourtant bien des reſſources dans l'Emulation Françoiſe, & c'eſt elle qui a fait naître la nouvelle Verſion dont nous allons rendre compte.

Je ne bâtirai point de ces Romans Littéraires qu'on honore du nom *d'Anecdotes*, pour accréditer un écrit dont l'Auteur nous eſt inconnu. On ſe doute bien qu'une Traduction de l'*Art d'Aimer d'Ovide*, doit être l'Ouvrage d'un homme du monde, plûtôt que d'un ſçavant. Car il ne ſuffit pas d'avoir du courage, pour entreprendre d'interpreter le *Précepteur de l'Amour* ; il faut encore avoir le gout du plaiſir.

On aſſure que c'eſt un écrit poſthume ; on ne peut en ce cas décider ſi l'Auteur y a mis la derniere main. Ce qu'on verra bien, c'eſt que le Libraire qui s'eſt chargé de l'impreſſion, a fait de ſon mieux, & n'a pas épargné la dépenfe. Quant à l'Ouvrage en foi, il me fiéroit mal de le furfaire, ou de l'apprécier. On ne dicte point d'Arrêt à fes Juges ; & s'il eft permis quelquefois de folliciter leur indulgence, on ne doit jamais prévenir ni leur équité ni leurs lumieres.

L'ART

L'ART D'AIMER

CHANT PREMIER.

OUS, qui, novice encor dans l'art
de plaire aux Belles,
Ignorez les secrets qui font triompher
d'elles

Mon but est leur défaite, & je viens vous armer;
Ecoutez mes leçons, & vous sçaurez aimer.
L'Art gouverne un Vaisseau sur les liquides plaines :
L'Art fait voler un Char; il en conduit les rênes :
C'est l'art à qui l'Amour doit ses plus beaux ex-
ploits :
C'est par lui que la terre est soumise à ses Loix.
Jadis Automedon fut Ecuyer habile;
Tiphis brava Neptune; & sa science utile
Du vaillant fils d'Eson assura le retour.

A

Je ſuis Automedon & Tiphis en amour.
Je ſens d'un tel emploi le fardeau redoutable ;
Je connois cet Amour ; il eſt fier, intraitable :
Mais ce n'eſt qu'un enfant ; on peut le ramener ;
Un âge encor ſi tendre eſt facile à tourner.
Chiron ſçavoit porter, par les ſons de ſa lire,
Dans le fils de Tethis, la douceur qu'elle inſpire :
Ce bras qu'accompagnoient & la mort & l'effroi
A d'un foible vieillard long-temps ſuivi la Loi ;
Cette main qui d'Hector devoit trancher la vie
S'eſt vuë au châtiment mille fois aſſervie :
Il eut Chiron pour maître ; & j'en ſers à l'Amour.
Ils ont d'un ſang divin tous deux reçu le jour :
Le Taureau ſous le joug voit ſa rage inutile ;
Le Courſier ſous le mords devient enfin docile.
Je veux te vaincre, Amour : à mes ordres ſoumis,
Tu traiteras bientôt tes ſujets en amis.
Plus tu m'as de tes traits fait ſentir la bleſſure,
Plus tu fus mon tiran ; plus ma vangeance eſt ſûre.
Je ne veux point ici des faveurs d'Apollon :
Je renonce aux Lauriers de ſon ſacré vallon.
C'eſt ailleurs, que je puiſe aujourd'hui ma ſcience ;
Mes conſeils ſont les fruits de mon expérience.

　　O Mere des Amours, vien ſeule m'animer :
Dis moi ce qui fait plaire & ce qui fait aimer.

　　Quoique ma voix ici ne chante point le crime ;
Quoique tout mot impur ſoit banni de ma rime ;

Triste Séverité, qu'invoque la pudeur,
Fui; tu ne connois point une si belle ardeur.
Venus m'inspire ici : j'y chante ses mystéres,
Ses doux enchantemens, ses larcins volontaires.

Vous, qui n'avez jamais suivi ses étendars,
Et qui voulez tenter ses aimables hazards,
Voici le premier pas. Cherchez une Maîtresse
Digne de votre choix & de votre tendresse;
Attachez-vous ensuite à captiver son cœur;
Et sous les mêmes loix rangez votre vainqueur.
Vos feux sont-ils payés d'un succès favorable?
Fixez votre bonheur, & le rendez durable.
Voilà de mes leçons quel sera le sujet :
Voilà le but heureux de mon nouveau projet.

Aucun engagement ne vous retient encore ?
Parmi tant de beautés aussi jeunes que Flore,
Votre cœur s'abandonne à des desirs naissans :
C'est là l'instant fatal. En garde sur vos sens,
Consultez, choisissez; prêt à rendre les armes,
Evitez de rougir sur l'objet de vos larmes.
Si votre choix est fait, dans des momens si doux,
Repetez mille fois : *je n'aimerai que vous.*
Le Ciel, pour vous l'offrir, n'ouvrira point la nue.
La route de la Biche au Chasseur est connue :
Il la cherche, il l'attend au milieu des Forêts,
Et malgré ses détours l'engage dans ses rêts.
Du cruel Sanglier il connoît la retraite :

Il marche vers son fort, il l'attaque, il le guette;
Le prudent Oiseleur choisit un arbre épais,
Qui puisse dérober & tenir ses filets.
Le Pêcheur attentif s'informe du rivage,
Profite du moment, que suit un long orage;
Il sçait, où sans frayeur repose le poisson;
Il prépare sa ligne & jette l'hameçon.
Guettez vous-même ainsi celle qui peut vous plaire;
Le plaisir & l'amour seront votre salaire.
Paris courut ravir, en franchissant les mers,
Helene, qui devoit armer tout l'Univers.
Le fils de Jupiter, le généreux Persée,
Ce Héros amoureux, de qui l'ame blessée
Le porta sans frayeur sur les bords Indiens,
Y délivre Andromede & brise ses liens.
Pour vous, né plus heureux, ce n'est point en
  Asie,
Que Venus vous attend : c'est dans votre Patrie.
Rome aujourd'hui rassemble & présente aux Amants
Tout ce que l'univers a d'objets plus charmants.
Voulez-vous n'attaquer que des beautés naissantes?
Vous y voyez fleurir leurs graces innocentes.
La Jeunesse formée a pour vous plus d'attraits,
Et dans tout son éclat vous en aimez les traits?
Quelle foule à vos yeux vient étaler ses charmes!
Le choix fait l'embarras : à qui rendre les armes?
Si d'un âge plus mûr & plus fait au plaisir

ch. Eisen Invv.
Gravé par Noël le Mire 1751.

Le férieux vous plaît ; vous avez à choifir.
Leur troupe, croyez-moi, n'eft pas la moins nom-
    breufe,
Et toujours à coup fûr eft la plus amoureufe.
    Parcourez en Eté ces agréables lieux,
Dont l'ombrage procure un frais voluptueux ;
A grands flots s'y répand l'élite du beau monde :
Dès que Phœbus s'apprête à fe plonger dans l'onde,
Chacune vient briller & difputer les cœurs.
En eft-il qui réfifte à de fi doux vainqueurs ?
    Lorfqu'aux Temples des Dieux on célebre leurs
      Fêtes,
L'Amour, ce Dieu jaloux d'étendre fes Conquêtes,
S'y trouve ; & le beau fexe, étalant fes appas,
Aime à ravir des vœux, qu'on ne lui portoit pas.
Entrez dans la retraite, où les Juifs fanguinaires
Effrayent les Romains par leurs fanglans myfteres :
Que les Autels d'Iris par vous foient reverés ;
Portez-y votre encens & vos pas affurés.
Cette tendre Déeffe, à Jupiter propice,
Reçoit des jeunes cœurs l'innocent facrifice ;
Et forçant la pudeur des timides efprits,
Leur donne des confeils, qu'autrefois elle a pris.
    Jufques dans le Barreau ce Dieu porte fa gloire ;
Il y vient fur Thémis fignaler fa victoire :
Malgré les cris aigus, dont ce lieu retentit,
Le feu du plaidoyer fouvent s'y rallentit :
A iij

Pour le gain du procès qu'un regard lui fufcite,
La gravité du Juge à fon tour follicite.
La Déeffe fourit, & fe plaît à vous voir,
Grands Arbitres des Loix, implorer fon pouvoir.
    Hâtez-vous : le plaifir vous appelle au fpectacle.
L'Amour fur cette Mer fait voile fans obftacle :
A qui fuit les ardeurs, Voyage dangereux !
L'air, que l'on y refpire, eft un air amoureux :
Eh comment s'y fauver d'un aimable naufrage ?
Quelle foule, grands Dieux ! vient y braver l'o-
        rage !
Des dangers auffi doux, bien loin d'épouventer,
Engagent tous les cœurs à courir les tenter.
    Comme on voit au printemps, dans les vertes
        prairies,
Les Abeilles voler fur les plaines fleuries ;
L'Efcadron bourdonnant fourmille dans les airs,
Va, revient, & s'applique à fes travaux divers :
D'un peuple de beauté la diligente adreffe
Vient ainfi dans nos jeux ravir notre tendreffe.
De tant d'objets brillants également furpris,
Mon œil fouvent ne fçait, à qui donner le prix.
Chacune vient pour voir, pour s'y montrer foi-
        même ;
Et toutes à l'envie ordonnent qu'on les aime.
    Romulus le premier inftitua les jeux,
Quand, voulant le bonheur de nos premiers ayeux,

Et vanger le mépris des Provinces voisines,
A ses soldats oisifs il livra les Sabines.
Il annonce une fête ; on vient de toutes parts ;
Sur des lits de gazons les Spectateurs épars,
Admiroient dans ce temps un théâtre grotesque,
Et sans luxe approuvoient une scêne burlesque.
L'impatient Romain attend d'autres plaisirs :
D'un œil avide il suit l'objet de ses desirs.
Le signal est donné : sur la troupe attentive
Chacun court, & saisit son aimable captive.
Quelle frayeur ! Quel trouble ! où fuïr ? point de
    secours.
Les Sabins & les Dieux sont impuissans & sourds.
Comme on voit dans les airs la tendre Tourterelle
Fuir un Aigle ennemi, qui s'élance sur elle ;
Ou l'Agneau, qu'en plein champ presse un Loup
    ravisseur :
La Sabine en fuyant appelle un défenseur.
L'une tombe, & se plaint ; l'autre vole à sa mere.
Que de cris ! de sanglots ! Quelle douleur amere !
Aucune ne revient de son saisissement.
Mais que dans peu l'Amour fait un grand chan-
    gement !
» Pourquoi, dit le Soldat, pourquoi verser des
    larmes ?
» Tournez sur nous les yeux, & calmez vos allarmes.
» Nous sommes vos amants, & bientôt vos époux,

» Eſt-ce donc un malheur tant à craindre pour
    vous ?
On écoute ; au chagrin ſuccede enfin la joie :
Et les conſolateurs jouiſſent de leur proie.
    Que tu ſçais , Romulus , livrer de beaux com-
    bats !
Fais en pour nous autant ; nous ſommes tes Sol-
    dats :
C'eſt au théâtre encor, que le cœur le moins tendre
Tombe dans les filets, que l'Amour ſçait lui tendre.
    Ce lieu , qui des Courſiers couronne les tra-
    vaux ,
Le Cirque à vos deſſeins ouvre des champs nou-
    veaux :
C'eſt-là , qu'en liberté l'on entretient ſa Belle.
Le plus près qu'il ſe peut, placez-vous auprès d'elle;
Cherchez l'occaſion d'entamer le diſcours ;
Le Spectacle préſent vous offre ſon ſecours :
Louez ceux qu'elle loue ; à ſes ſouhaits pour d'autres
Plein de zéle joignez adroitement les vôtres.
Vous-même réveillant ſon eſprit curieux ,
Dites-lui quels ſujets vont occuper ſes yeux.
La pouſſiére, en volant, ſur ſes habits s'arrête :
Pour l'en ôter d'abord , que votre main ſoit prête.
Rien ſur eux n'eſt tombé, qui demande vos ſoins ;
Qu'importe ? paroiſſez ne l'en ôter pas moins.
Ecartez , s'il ſe peut, les voiſins qui la preſſent :

•Qu'autour d'elle attentifs vos yeux toujours s'em-
    preſſent.
Sa robe eſt mal placée : il faut l'arranger mieux.
En tout utile, ou non, ſoyez officieux.
Tels petits ſoins pour elle ont un charme invin-
    cible ;
Et ſon eſprit léger y deviendra ſenſible.
J'ai vû d'un éventail le zéphir careſſant
Au fond d'un cœur glacé ſouffler un feu naiſſant.
Qu'un agréable rien devienne, en ſa préſence,
Le ſcrupuleux emploi de votre complaiſance.
Tandis que dans l'Arêne un combattant vainqueur
Attire les regards de chaque ſpectateur :
Il voit ces fiers Lutteurs, dont la brutale rage
Ne ſe peut aſſouvir que par un grand carnage.
L'Amour, caché ſouvent dans les yeux des beautés,
Que le Spectacle attire en ces lieux fréquentés,
Porte dans tous les cœurs d'agréables atteintes ;
Les flammes de ce Dieu dans les regards ſont
    peintes :
Chaque coup, quelquefois négligemment porté,
Du plus indifférent force la liberté.
Lorſque le Grand Céſar, ce Vainqueur magnifique
Fit d'un combat naval voir la pompe publique ;
L'Etranger curieux, des bouts de l'Univers,
Se raſſembla dans Rome à ces combats divers.
Dans cet auguſte jour, les Belles triompherent ;

A l'éclat de leurs yeux, nos ames s'enflammerent.
Ecoutez un secret, que je veux vous donner :
César est prêt de vaincre ; & son bras va dompter
Et mettre sous un joug, que tout le monde adore,
Les barriéres du jour, où se leve l'Aurore.

Que de rares beautés de ces fameux climats
Etaleront ici leurs séduisans appas,
Et feront admirer, malgré la jalousie,
Ces charmes, ces attraits, dont se vante l'Asie !
Manes à la patrie & si chers & si doux,
César veut vous vanger ; Crassus, consolez-vous.
Tibere va partir, armé de la vengeance ;
Et le Parthe cruel paîra son insolence :
Dans son sang odieux il vole le noyer ;
Et du foudre d'Auguste il va le foudroyer.
Peuple, qui le cheris, ne crains point pour son
     âge :
Il est jeune, il est vrai ; mais tu vois son courage :
Et parmi les Césars, l'honneur du nom Romain,
L'avantage des ans est inutile & vain.
Ils naissent tous Héros, & leur premiere enfance
Voit consommer en eux une illustre vaillance.
Hercule, en son berceau, de ses puissantes mains
Etouffa deux Serpens, la terreur des humains :
Et toi, qui jeune encore montres sur ton visage
Des roses & des lys le brillant avantage,
Tu vainquis, ô Bacchus. Ainsi, jeune Héros,

Tu voles au danger & tu fuis le repos.
Tu reviendras bientôt; triomphant de l'Euphrate,
Recevoir tous nos vœux, seul plaisir qui te flate:
Tu conduiras au Cirque, après mille hauts faits,
Des Monarques aux fers & des Tirans défaits.
C'est-là, c'est-là qu'Amour par d'aimables défaites
Fera sur nos Romains mille & mille Conquêtes.

Dans ces rians Vallons renommés par leurs eaux,
Cupidon fait couler la source de nos maux;
L'aimable liberté de ces bords solitaires
Pour notre guérison les rend moins salutaires.

Faut-il vous indiquer tous les lieux, où l'Amour,
Environné des Jeux, tient sa riante Cour?
Dans ces Cercles galans, le triomphe des Belles,
Ce Souverain des cœurs blesse les plus cruelles.

Dans les bras de Comus, ce Dieu sûr de ses
coups,
Frappe dans les festins de ses traits les plus doux.
N'allez point aux Buveurs disputer la victoire;
Buvez; mais en buvant cherchez une autre gloire:
Que Bacchus & l'Amour, l'un à l'autre soumis,
En s'y livrant la guerre, y soient toujours amis.
Dans ce charmant Nectar offert par une Belle,
L'Amour, ce Dieu badin aime à tremper son aile;
Il la secoüe en vain, & prêt à s'en aller,
Cette humide liqueur l'empêche de voler.
Bacchus sçait disposer les cœurs à la tendresse:

Elle naît dans les feux d'une légere ivreſſe :
Quel ſéduiſant plaiſir, de noyer dans le vin
La noire inquiétude & le morne chagrin !
Sous le pampre on ſent naître un riant badinage :
Le pauvre eſt riche alors ; le lâche a du courage ;
Et la naïveté, découvrant ſes attraits,
Y vient développer ſes innocens ſécrets.
Le verre en main, chantant les plaiſirs de la table,
L'on ſent mieux d'un bel œil le trait inévitable :
Mais on peut s'y tromper ; ce n'eſt point aux
          flambeaux,
Qu'on priſe juſtement les objets les plus beaux.
La nuit eſt pour Bacchus un tems propre à ſéduire :
Pour vous rendre, attendez que le jour vienne luire.
Lorſque Paris jugea les trois Divinités,
Et qu'il dit à Venus : *Venus, vous l'emportez* ;
Il voulut au grand jour tout voir ſans réſiſtance :
Le Soleil fut garand de ſa juſte ſentence.
     Parlerai-je de chaſſe ? en ces plaiſirs charmans,
Mille beautés ont pris les cœurs de mille Amans :
Et tel part le matin en liberté parfaite,
Qui le ſoir de retour apperçoit ſa défaite.
     Apprenez, par quel art vous pourrez déſarmer
La beauté, dont vos yeux ſe ſont laiſſé charmer.
Jadis j'ai ſçû fléchir les plus inéxorables :
Ovide vous apprend des ſecrets favorables.
A l'amour tôt ou tard ſe rendent tous les cœurs :

Ch. Eisen inv.

J. Tardieu Sculp.

Formez bien votre attaque ; & vous ferez vain-
     queurs.
Un fleuve impétueux, au milieu de fa courfe,
Pourroit plus aifément remonter vers fa fource,
Qu'une tendre beauté réfifter au penchant,
Qui l'entraîne toûjours vers un nœud fi touchant.
Eh ! comment réfifter à l'aimable careffe
 D'un Amant enflammé, qui vivement la preffe ?
C'eft à vos feuls efforts, qu'on veut tout accorder e
Celle que vous craignez, s'apprête à vous céder.
Tout homme de Venus reconnoît la puiffance :
Toute femme lui vouë égale obéiffance.
Leurs penchants font pareils , & leurs fens en-
     chantés
S'enivrent à l'envi des mêmes voluptés :
Mais l'un eft mal à droit à voiler fa foibleffe ;
 Pour nous cacher la fienne, ah, que l'autre a
     d'adreffe !
N'offrons plus aux beautés l'hommage de nos feux ;
Nous les verrons voler & prévenir nos vœux.
 Le Taureau fur fes pas fait mùgir la Géniffe,
Et le Cheval attend que la Jument henniffe.
L'homme en aimant fe borne à quelque douce
     erreur :
La femme a des tranfports, que guide la fureur.
De fes déreglemens naiffent les plus grands cri-
     mes :

Des nôtres les effets font moins illégitimes.
Biblis aime Caunus, s'oubliant pour fa fœur :
Et fa mort trop funefte termine fon erreur.
Plus furieufe encore, en fa trifte avanture,
Myrrha trompe fon Pere, & trahit la nature :
Elle eft arbre, & déplore aujourd'hui fes malheurs ;
Son nom même eft celui, que l'on donne à fes
　　pleurs.

　　Jadis le Mont Ida, dans fa fombre retraite,
Nourriffoit un Taureau d'une blancheur parfaite :
Des Troupeaux d'alentour il faifoit l'ornement ;
Chaque Géniffe en lui veut trouver fon Amant.
Pafiphaé le voit, reffent la même flamme ;
Des defirs monftrueux tirannifent fon ame.
La Crete ne fçauroit à la poftérité
Cacher de ce forfait l'horrible vérité.
Cette Reine en tous lieux fuit fon vainqueur fu-
　　perbe,
D'une tremblante main lui préfente fon herbe.
Malheureufe ! Quoi, rien n'excite tes dégoûts ?
Une brute en ton cœur efface ton époux ?
En vain tu fais briller ta parure nouvelle,
Infenfée ! A quels yeux veux-tu paroître Belle !
Que te reviendra-t'il d'orner tes beaux cheveux ?
Des cornes fur ton front ferviroient mieux tes
　　vœux.
Telle dans fa fureur s'emporte une Bacchante ;

Dans les Champs, dans les Bois s'égare cette
    Amante.
Combien de fois, bleffant fes regards trop jaloux,
Une rivale heureufe enflâme fon courroux !
Qu'on l'a prenne, dit-elle, & qu'on la facrifie.
La voix de la nature en vain la juftifie :
Pafiphaé n'entend que fon dépit mortel,
Et veut en voir le cœur palpiter fur l'Autel.
» Meurs, dit-elle, & connois le feul objet que j'aime;
» Semblable à mon amour, ma fureur eft extrême.
Europe eft à fes yeux trop heureufe en Amant;
Mais le deftin d'Yo lui paroît plus charmant.
Sa fureur rédoubloit : l'ingénieux Dédale
Soulagea par fon Art cette flâme brutale ;
Et, couvrant fon beau corps d'un indigne orne-
    ment,
Sçut tromper cet ingrat par ce déguifement.
Dans un bois imitant le corps d'une géniffe,
Cette Amante à la fin conçut par artifice :
Bientôt le Minotaure, en paroiffant au jour,
Ne publia que trop cet odieux amour.
Dieux ! Qu'il eft mal aifé que le cœur d'une
    Belle
Ait pour fon feul Epoux une flâme fidéle ;
Et qu'il eft difficile à ce fexe inconftant,
De fixer les defirs de fon efprit flottant !
Si la Reine d'Argos n'eût brûlé pour Thiefte,

Le Soleil, effrayé d'un spectacle funeste,
N'eût jamais dans son cours retourné sur ses pas.
Scylla fit détester ses coupables appas.
Agamemnon vainqueur fut vaincu par un crime;
D'une épouse infidéle il devint la victime.
Phinée, à tes enfans pourquoi crever les yeux?
Sur toi vont retomber leurs tourmens odieux.

Ces forfaits, dont toujours a frémi la nature,
Des passions du *Sexe* étalent la peinture.
Un goût si dominant peut-il jamais changer?
L'Amour sous ses drapeaux est sûr de les ranger.
C'est en vain pour un temps qu'elles font les re-
belles;

Tout trahit la fierté dans le cœur des plus Belles:
Et malgré les combats d'un chimerique honneur,
On souhaite avec vous le moment du bonheur.
En est-il une enfin, quand on sçait bien s'y
prendre,

Qui n'aime, en résistant, à se laisser surprendre?
Qu'une femme y consente, ou n'y consente pas;
Pour elle la demande a toujours des appas:
Son cœur sçait la soumettre à votre dépendance.
Dans le champ du voisin éclate l'abondance:
Sur ses troupeaux s'attache un regard envieux.
L'Amour ainsi pour vous vient fasciner ses yeux:
La nouveauté lui plaît; ce goût est son partage;
Un plaisir imprévû la pique davantage;

Mais

Mais en préfomptueux n'allez pas tout ofer,
Bientôt tous vos projets fe verroient renverfer.
De l'objet de vos vœux engagez la Suivante ;
A découvrir fon foible, elle eft toujours fçavante.
Son adreffe flatteufe, en lui parlant de vous,
Pourra vous ménager l'inftant des rendez-vous.
Priez, employez tout, pour gagner fon fuffrage ;
Votre plus grand bonheur fouvent eft fon ouvrage :
Son zéle, pour agir, choifira bien fon temps.
   Tout rit aux yeux ferains de ceux qui font
    contens ;
Lorfque les cœurs en paix font ouverts à la joie,
L'Amour, pour s'y gliffer, trouve aifément la voie.
Pergame a réfifté, tant qu'ont duré fes pleurs ;
Sa joie & fes plaifirs ont comblé fes malheurs.
   Votre Maitreffe accufe un Epoux infidele :
Les jaloufes fureurs viennent s'emparer d'elle ;
C'eft le moment : parlez, frappez, portez vos coups ;
Partagez fa douleur, approuvez fon couroux :
Nourriffant en fecret leur méfintelligence,
Offrez-vous galamment à fervir fa vangeance.
Sa Suivante au matin, peignant fes beaux che-
   veux,
Bien mieux que vous encor, peut préfenter vos
   vœux.
De foupirs redoublés allarmant fes oreilles,
Où, dit-elle, voit-on des trahifons pareilles ?

B

Ces yeux pour un Epoux font-ils fans agrémens ?
Croit-il qu'avec ces yeux on peut manquer d'A-
    mans ?
En lui jurant alors, que vous mourez pour elle,
Et qu'à des feux fi beaux vous ferez plus fidele ;
Ses difcours féducteurs vous fervent à propos.
Ne vous amufez pas , preffez ; car le repos
Quelquefois amortit le feu de la colere ;
Et ce qui plut d'abord , dans l'inftant peut déplaire.
    Contraignez la Suivante à vous donner fa voix :
Sur elle cependant ne tentez point vos droits.
Dès que vous l'embrafez d'une flâme traitreffe ,
Vous perdez fon fecours auprès de fa Maitreffe :
Loin de vous feconder , tous fes empreffemens
Ne tendront qu'à jouir de vos embraffemens.
Confiez-vous , jeuneffe , au flambeau qui vous guide ;
Et pour ne point errer , ne quittez point Ovide.
Mais dans fon doux emploi , cette nouvelle Iris
De fa figure aimable a fçû vous rendre épris :
Votre premier hommage appartient à la Dame :
Avec l'efclave enfuite amufez votre flâme.
Ecoutez ce confeil , & profitez - en bien ;
Achevez avec elle , ou n'entreprenez rien.
    Il n'eft qu'une faifon d'enfemencer la terre :
Chaque chofe a fon tems dans l'amoureufe guerre ;
Certains jours font marquez , où l'on réüffit mieux :
Obfervez les humeurs, les momens & les lieux.

S'embarquer, entendant gronder au loin l'orage,
C'est témérairement affronter le nauffrage.
Attaquer un cœur trifte , ou dans un jour de
    deuil ,
C'est courir fe brifer contre un funefte écueil.
  Si, malgré tous vos foins, une Maitreffe avare
A vendre fes faveurs lâchement fe prépare ;
Sous fes perfides coups bien loin de fuccomber,
Plus fin qu'elle , en vos rêts forcez la de tomber.
Pour tirer votre argent , quels détours ! quelle
    adreffe !
Elle fçait du plus riche engloutir la richeffe.
Chez elle une Marchande, apportant fes bijoux
Dans un temps concerté , les offrant devant vous
Du plus grand connoiffeur vous prodigue le titre,
Sa rufe prend d'abord votre goût pour arbitre.
Sous diverfes couleurs , combien d'emprunts font
    faits !
Un noir oubli bientôt rayera vos bienfaits.
Quel pinceau fuffiroit à tracer fes malices !
Contre elle cherchez donc d'innocens artifices.
Triomphez par la rufe ; il fut toujours permis,
D'en faire un fage emploi contre fes ennemis.
Promettez lui beaucoup ; on peut bien en pro-
    meffes
Faire , fans s'appauvrir, les plus amples largeffes :
Un féducteur efpoir la foutiendra long-temps ;

Elle attendra, pour voir ces fortunés inſtants,
Où viendront les effets de vos riches paroles :
Engagez-vous ſans crainte en ces dettes frivoles.
Paroiſſez toujours prêt à vous en acquitter ;
On vous ménagera, bien loin de vous quitter.
Souvent d'un bienfaiteur la préſence embaraſſe :
Devant des yeux ingrats, il ne peut trouver grace.
Pouſſez adroitement la feinte juſqu'au bout ;
Sans que vous donniez rien, elle accordera tout.
C'eſt ainſi qu'un joueur, pour gagner, ſe ruine ;
Et ne peut ſe priver d'un jeu, qui le domine.
Votre argent prodigué dégageroit ſa foi ;
Le grand point en aimant, eſt d'être aimé pour
    foi.

   De vos vives ardeurs, de vos peines ſecretes,
Que vos tendres billets ſoient les doux interpretes :
Leur langage muet ſe fait mieux écouter ;
Et c'eſt par-là d'abord que l'on doit débuter.
Que votre paſſion, comme une humble cliente,
Pour s'expliquer, emploie une voix ſupliante ;
Et tel que vous ſoyez, dépouillez vos hauteurs ;
L'Amour n'attend de vous que des reſpects flatteurs.
Achille a vû fléchir ſes fureurs meurtrieres ;
Et les Dieux implorés éxaucent nos prieres.

   La ſcience, les arts donnent un nouveau prix :
O jeuneſſe Romaine, ornez en vos eſprits.
L'éloquence eſt des cœurs l'aimable ſouveraine :

A tous nos ſentimens elle commande en Reine ;
Nous défendons par elle un accuſé tremblant ;
Par elle nous brillons dans l'entretien galant ;
Ses attraits admirés trouvent peu de rebelles :
Ainſi que du Senat, ils triomphent des Belles.

    Ménagez vos talens, & cachez bien votre art :
L'eſprit doit être aiſé, naturel & ſans fard.
Que vos diſcours ſoient pleins d'une aimable fran-
   chiſe :
Bornez-vous aux ſeuls mots que l'uſage autoriſe :
Un extravagant ſeul parle en déclamateur ;
Tous billets empoulés font haïr l'orateur.
Amans, prenez un tour ſi naïf & ſi tendre,
Qu'on croye, en les liſant, vous voir & vous en-
   tendre.
Sans les lire, peut-être on vous les remettra :
N'allez pas vous laſſer ; un jour on les lira.
Les Ours & les Lions à la fin s'adouciſſent.
Doutez-vous que dans peu vos ſoins ne réüſſiſſent ?
Cette beauté farouche ſe laiſſera toucher.
Quel corps en dureté le diſpute au rocher ?
L'eau le perce à la fin : nous aimons qui nous aime :
Perſiſtez ; vous vaincrez Penelope elle-même.
Il n'eſt rien, que le temps ne ſe plaiſe à changer.
D'accord avec l'Amour, il viendra vous vanger.
Ce que n'ont pû des Grecs les aſſauts, les batailles,
Le temps ſçut d'Ilion renverſer les murailles.

B iij

Elle a lû vos billets, mais fa timide ardeur
Craint , en vous répondant, d'engager fa pudeur.
Dans vos plaintes n'ufez d'aucune violence ;
Sa main bientôt rompra ce rigoureux filence ;
Vous n'aurez plus à craindre une foible raifon :
Ces progrès attendus viennent dans leur faifon.
　　Peut-être que d'abord une réponfe altiere
A vos triftes regrets vient fervir de matière.
Vos vœux, dit-elle, ailleurs auroient dû s'adreffer,
Vous êtes conjuré de ne plus la preffer.
Elle craint d'obtenir ce qu'elle vous demande ;
Vous obéïrez mal , quoiqu'elle vous commande :
Revenez au combat ; la victoire eft à vous :
Plus un bien coûte cher , & plus il paroît doux.
　　Paffez & repaffez fouvent devant fa porte :
Qu'un vif empreffement fans ceffe vous tranfporte
Dans le féjour heureux , où vous pouvez la voir ;
Suivez partout fes pas ; tel eft votre devoir.
Feignez d'autres deffeins ; l'amour veut du myftere ;
Des fignes employez l'éloquent miniftere :
Le langage des yeux eft celui des Amans :
Et leurs troubles confus font des aveux charmans.
Saififfez au théâtre une place auprès d'elle.
Dans tout ce qu'elle fait prenez la pour modele ;
Infenfible aux plaifirs que vous offrent ces lieux ,
N'y goutez que celui d'admirer fes beaux yeux.
Qu'un éloge flatteur lui donne en apparence

Sur le Spectacle entier la douce préférence ;
Applaudissez le plus aux rôles amoureux :
L'Art d'amuser les cœurs fait les Amans heureux.
Votre temps le plus cher doit être tout pour elle :
Le perdant à son gré, vous gagnez votre Belle.

D'une molle parure évitez les apprêts,
Et jamais n'empruntez d'efféminés attraits.
Un luxe étudié dans l'homme nous irrite :
Aux Prêtres de Cerès laissez ce vain mérite.
Point d'affectation, ni goût de nouveauté ;
Le bon air nous convient ; c'est-là notre beauté.
Hippolite de Phedre alluma la tendresse ;
Thesée en ses amours négligea la mollesse ;
Sans les frivoles soins aux Héros inconnus,
Adonis en chasseur fut aimé de Venus.
Par son simple agrément la propreté nous flatte :
Le bon goût en habits dans le moins riche éclate.
Il est, pour plaire encor, bien d'autres petits soins,
Que l'amour vous prescrit de négliger le moins.
N'oubliez pas surtout, qu'une fâcheuse haleine
Contre elle fait armer le dégout & la haine.
Au beau Sexe laissons le riche ajustement,
Et d'un art affecté le pénible ornement.
Je vois, j'entens Bacchus : c'est sa voix ; il m'appelle.
Protecteur des Amans, vien seconder mon zéle.
Ce Dieu d'un bel objet, ainsi que nous, charmé,
Favorise les feux, dont il est enflâmé.

B iv

Sur une Iſle déſerte, Ariadne abuſée
Erroit, & ſe plaignoit du volage Theſée :
Dans le déſordre affreux de ſes ſens étonnés,
Ses cheveux voltigeoient aux vents abandonnés ;
Son déſeſpoir franchit des lieux inacceſſibles,
Et demande Theſée aux ondes inſenſibles.
Elle reproche au Ciel un ſort ſi rigoureux :
Echo ſeule répond à ſes cris douloureux.
Ses yeux fondent en pleurs ; les ſanglots & les
    larmes
A cet aimable objet prêtent de nouveaux char-
    mes :
Et ſe frappant le ſein, que vais-je devenir ?
Perfide, tes ſermens n'ont pû te retenir ?
Revien, charmant Theſée, infidéle adorable ;
Et d'un ſi noir forfait ne te rens point coupable.
Sur le rivage au loin, tout à coup on entend
De Tambours, de Hautbois un Concert éclatant :
De ſa douleur d'abord la frayeur prend la place ;
La force l'abandonne, & tout ſon ſang ſe glace.
Les yeux étincelans & les cheveux épars,
Les Bacchantes déja fondent de toutes parts :
Les Satires légers les ſuivent hors d'haleine,
Et forment une danſe autour du vieux Silene :
Sur un ſuperbe Char par des Tigres traîné,
Bacchus paroît enfin, de Pampres couronné,
Ariadne pâlit, & veut prendre la fuite.

Où fuis-je ? Dieux cruels ! où m'avez-vous réduite ?
Cria-t'elle. Arrêtez : où voulez-vous courir ?
Repond le Dieu charmé ; je viens vous secourir.
Ariadne, arrêtez : vous n'avez rien à craindre :
Heureuse en vos malheurs, cessez de vous en
        plaindre ;
Bacchus est votre époux : montez au rang des Dieux:
Soyez un nouvel Astre, & brillez dans les Cieux.
Il dit : & de son Char descendant avec grace,
Pour la mieux rassurer, tendrement il l'embrasse :
Ce Vainqueur ne fuit plus que ses desirs pressans :
Elle résiste en vain ; les Dieux sont tous-Puissans.
Les Faunes à grands cris en marquent la jour-
        née :
Les Nymphes par leurs Chants appellent l'Hyme-
        née.
C'est ainsi qu'Ariadne & le Dieu des buveurs
D'un Amour plus heureux goûterent les faveurs.
   Lors donc qu'en belle humeur près de votre
        Maitresse,
A table vous craindrez une vapeur traitresse ;
Priez le Dieu du Vin de bannir de vos sens
Les vertiges fumeux, les troubles indécens.
   Sous des traits délicats déguisez vos fleurettes,
Votre Amante agrèra ces offrandes secrettes :
Les plus ardens desirs sont écrits dans les yeux ;
Le silence est souvent ce qui parle mieux.

Mais bientôt auprès d'elle, en aimable convive,
Rappellez l'allégreſſe, & la rendez plus vive.
Avez-vous de la voix ? que par les plus doux ſons
Vos ſentimens cachés ſoient peints dans vos chan-
   ſons.
Déployez les talens, par où vous pouvez plaire :
Ce qui ſçait la flatter, n'eſt jamais ſans ſalaire.
En vous chargeant du ſoin de lui verſer du vin,
Tachez de lui ſerrer adroitement la main :
Sur ſon verre portant une levre empreſſée.
Montrez-vous curieux d'y ravir ſa penſée.
Le vin a des attraits ; ſoyez ſage en buvant,
Lorſque le plaiſir guide, on s'écarte ſouvent.
La plus juſte cenſure eſt forcée à ſe taire,
Tant que de la raiſon le flambeau vous éclaire.
Fuyez avec horreur ces Bacchiques procès,
Et ces débats honteux qu'enfantent les excès.
Eurition trouva ſa perte dans l'yvreſſe ;
A table on ne doit voir que Jeux & qu'Allegreſſe.
   L'yvreſſe véritable, eſt nuiſible à vos feux ;
Celle que vous feindrez, ſecondera vos vœux.
Quand d'un faux embarras votre langue béguaye,
Que votre eſprit badin, plus librement s'égaye,
Faites que l'on s'en prenne au vin plutôt qu'à
   vous :
Jurez lui que des Dieux le ſort ſeroit moins doux ;
Si, cette même nuit, vos deux ames mourantes

Sur vos levres en feu fe rencontroient errantes;
Peignez au naturel ces fortunés inftants.
Se leve-t'on de table ? Approchez , il eft temps.

Dans l'ombre de la nuit , la foule favorife
D'un Amant courageux la plus vive entreprife :
Du pied touchez le fien ; qu'au feu de vos defirs
S'allument dans fon cœur, l'avant goût des plaifirs ;
Et , rejettant alors une pudeur timide ,
Parlez, preffez, fuivez le tranfport qui vous guide.
Vénus & la fortune aiment les gens hardis :
Aux lâches leurs faveurs font des biens interdits.

A gagner fon Epoux , appliquez votre étude ;
Qu'il vous puiffe en tout temps voir fans inquiétude :
Dût-il tout fon refpect à votre dignité ,
Par vos foins prévenans flattez fa vanité.   .
Que rien pour lui n'échappe à votre complaifance :
Plein de difcretion, refpectez fa préfence ;
En écartant de lui tous les foupçons jaloux ,
La plus feinte amitié fçait affurer vos coups.
Un ufage applaudi , mais non exempt de crimes ,
N'accrédite que trop ces perfides maximes ;
Et ma mufe à regret obéït à la Loi ;
Qu'en des fujets pareils m'impofe mon emploi.

N'efperez pas qu'en vous je verfe l'éloquence.
Aimez, & vos difcours ont affez d'élegance :
Que les yeux foient Amans , fi le cœur ne l'eft
    pas ;

D'une femme crédule exaltez les appas :
Pour la perfuader mettez tout en ufage :
Vous ferez bientôt crû ; le plus affreux vifage
Se fait de fa laideur des portraits gracieux ;
Toute femme en un mot eft aimable à fes yeux.
   Mais en feignant d'aimer, le fourbe fouvent
      aime :
Celui qui trahiffoit, vient fe trahir lui-même.
Belles, prêtez l'oreille à fon difcours flatteur ;
En véritable Amant fe change l'impofteur.
   Comme en courant toujours l'onde étend fes
      rivages ;
L'efprit infinuant, par de fecrets ravages,
Sçait fourdement des cœurs miner la liberté :
La louange eft l'écueil, qui brife la fierté.
Dans fes attraits chéris, fe plaît la plus févere,
Et la plus fage veut qu'on l'aime & la révere.
Pallas même & Junon ne pûrent pardonner
Au Berger, qui jâdis ofa les condamner.
Le Paon que vous louez, roüant avec adreffe,
De fa plume admirée étale la richeffe :
Vos regards détournés le font fuir interdit.
Sous la main qui le flatte, un Courfier s'applaudit,
Fier de fes nobles crins, il fe pofte avec grace ;
Et prend de fa beauté fa généreufe audace.
   Promettez volontiers : c'eft le droit des Amants :
Du nom facré des Dieux confirmez vos fermens.

Jupiter dans le Ciel soûrit à vos parjures :
Par son ordre, les vents emportent ces injures.
En jurant par le Stix, ce Dieu trompoit Junon ;
Et pour tromper de même, il nous prête son nom.
   Il est des Dieux sans doute ; & nous devons le
      croire :
Ces Dieux dans tous les temps sont jaloux de leur
      gloire.
Que sans cesse l'encens fume sur leurs Autels ;
Le repos n'endort point ces heureux immortels.
Leur majesté terrible en tous lieux est presente ;
Craignons les, & menons une vie innocente ;
Justes & bienfaisans envers tous les humains,
Que dans le sang jamais nous ne trempions nos
      mains.
   Mais on est vertueux même en manquant aux
      Belles ;
Il nous seroit honteux de leur être fideles :
C'est un peuple léger, sans foi, sans équité :
Comme lui renonçons à ce qu'il a quitté.
   On conte que l'Egypte a d'une sécheresse
Souffert pendant neuf ans la fureur vangeresse :
Trason dit au Tyran, que, pour calmer les Dieux,
Le Sang d'un étranger devoit purger ces lieux :
Eh bien ! dit Busiris, tu seras la victime ;
Pour finir nos malheurs, ta mort est légitime.
   Phalaris fit brûler dans un Taureau d'airain

Celui, qui pour le fondre avoit prêté fa main.
Louons ces châtimens : l'équité doit paroître,
A punir le méchant, par le mal qu'il fit naître.
Du beau Sexe parjure égalons les forfaits :
Qu'il gémifle à fon tour des maux qu'il nous a
    faits.
    Pour vaincre mieux encore, ayez recours aux
    larmes :
Un cœur de Diamant fe rendroit à leurs charmes.
Quand vos efforts preffans pourront l'effaroucher,
L'infenfible à vos pleurs fe laiffera toucher.
Mais fi de vous leur cours ne vouloit point dé-
    pendre,
Imitez-les du moins, & feignez d'en répandre.
    A vos douceurs mêlez le plus tendre baifer :
Par fon humide ardeur vous fçaurez l'embrafer.
Vous le refufe-t'elle ? Il faut toujours le prendre ;
Elle fe plaint peut-être, & feint de fe défendre ;
Sa fierté ne voudroit ceder qu'en combattant :
Point d'effort qui la bleffe, ou qui foit rebutant ;
Un larcin trop groffier peut vous être funefte ;
Peut-on prendre un baifer, fans prendre auffi le
    refte ?
La perte du bonheur, qu'on laiffe évanoüir,
Rend indigne du bien dont on pouvoit joüir.
C'eft à fa lâcheté qu'il faut que l'on s'en prenne ;
La pudeur qu'on allegue eft une excufe vaine :

De votre violence elle attend ſes plaiſirs ;
Et veut être forcée à ſuivre ſes deſirs.
  ⁕   L'Amante, que Vénus au pillage abandonne,
Contente du Voleur, aiſément lui pardonne :
Sa méchanceté même eſt pour elle un bienfait.
Que ſon cœur au contraire eſt bien peu ſatisfait,
Malgré cet air joyeux qu'elle lui fait paroître,
Quand elle eſt reſpectée, ayant pû ne pas l'être.
Phæbé fut enlevée, auſſi bien que ſa Sœur ;
Et l'une ainſi que l'autre aima ſon raviſſeur.
De tout brave aſſaillant la victoire eſt amie ;
Achille à ſa valeur ſoûmit Déïdamie.

   Auprès du Mont Ida, le jugement rendu
Avoit reçu le prix de Vénus attendu :
Du Prince de Phrigie Helene étoit la proié ;
Et l'Arrêt du deſtin déja menaçoit Troie.
Tous les Rois promettoient de vanger ſon Epoux :
A la honte d'un ſeul, ils s'intéreſſent tous.
Achille, déguiſé ſous un habit de femme,
Aux yeux de tous les Grecs eût paſſé pour infâme.
Mais d'une Mere en pleurs, il dût ſuivre la Loi :
Quoi donc, jeune Héros, eſt-ce là votre emploi ?
Dans de ſi nobles mains faut-il qu'un fuſeau
       ſerve ?
Prenez dans un autre Art les leçons de Minerve :
Changez cette corbeille en péſant Bouclier :
Hector, le grand Hector ſous vos coups doit plier.

Dans le même Palais, une jeune Princesse
De sa fausse compagne engagea la tendresse ;
Et connut ce Héros, aux traits de sa vigueur.
Que pouvoit contre Achille une vaine rigueur ?
La Belle veut paroître aimer sa résistance :
Les combats font toujours triompher la constance.
Mais qu'on voit peu durer un bonheur si char-
　　mant !
Déïdamie en vain veut céler son Amant :
De tout ce qu'offre Ulisse, il ne prend que les
　　armes ;
Et court chercher la gloire, au milieu des allar-
　　mes.

　　Trop d'ardeur dans la femme avilit ses appas :
La pudeur à ses feux défend le premier pas.
Celui, qui d'elle attend une honteuse avance,
Fait de sa vanité détester l'insolence.
Commencez le premier ; adressez lui vos vœux ;
Que sa douceur réponde à vos tendres aveux :
Priez pour réussir ; elle veut qu'on la prie :
Par vos respects son ame est sans peine attendrie.
L'Amour le plus soumis n'a rien d'humiliant ;
Jupiter prend lui-même un ton de Suppliant.
Ses soupirs ont touché les beautés les plus fieres :
Aucune n'a, dit-on, rejetté ses prieres.

　　Si vos respects pourtant enfloient trop sa fierté,
Cessez ; par vos froideurs piquez sa vanité.
L'offre

L'offre d'un bien dégoute, & le refus attire ;
Afin qu'on le rappelle, un Amant se retire.

Que l'espoir des faveurs, banni de vos discours,
Sous le nom d'amitié déguise vos Amours ;
Ce secret a souvent fait naître la tendresse ;
Telle qui vous bravoit, se rend à cette adresse ;
Sans qu'elle y pense, arrive un heureux change-
    ment ;
Et l'ami prend enfin le rôle de l'Amant.

Dans le tein rembruni de celui qui navigue,
La Mer & le Soleil décrivent sa fatigue ;
Le Laboureur ardent, au fort de la chaleur,
Le Vigneron peut-il conserver sa couleur ?
Dans un Athlete illustre aux jeux qu'aimoit Her-
    cule,
La blancheur de la peau paroîtroit ridicule.
Que tout Amant soit pâle : une triste langueur
A souvent d'une ingrate adouci la rigueur.
Daphnis décoloré languissoit pour Naïce :
Orion dans les Bois expiroit pour Lirice.
Un visage défait, certain air négligé
Déposent en faveur d'un Amant outragé :
Les veilles de la nuit, les amoureuses peines
Ne maigrissent que trop un homme dans les chaî-
    nes :
Que chacun vous voyant, dise : *il est amoureux.*
Excitez la pitié, pour devenir heureux.

C

Ecoutez, ô Romains, mes avis & mes plaintes.
Le nom d'ami, la foi ne font plus que des feintes ;
Rien n'eft facré pour vous : non, il n'eft plus
      permis
De dévoiler fon ame à fes plus chers amis.
De celle qui vous plaît leur peignez - vous la
      grace ?
Ils fongent dans l'inftant à remplir votre place.
Pirithoüs, Pilade, & Patrocle autrefois
Ont fçu de l'amitié refpecter mieux les Loix ;
Près des plus beaux objets leur probité farouche
De leurs amis abfens n'a pas fouillé la couche.
Ces exemples fameux font des fiécles paffés.
Dans ce fiécle tout fuit des chemins oppofés :
Avant que la vertu reprenne fon empire,
L'Amour perdra fes droits fur tout ce qui refpire.
Les plaifirs criminels font les plus grands plaifirs ;
Leur fel vif & piquant irrite nos defirs :
D'un bien que nous volons la douceur eft char-
      mante ;
Et du malheur d'autrui notre bonheur s'augmente.
Un Amant ne doit point craindre fon ennemi ;
Mais il doit redouter fon plus fidéle ami.
    Un même efprit n'eft pas le partage des Belles :
Pour plaire à mille objets, mille routes nouvelles.
Dans les climats divers les fruits font différens :
Bacchus fur les Côteaux fait rougir fes préfens ;

On voit dans les Vallons les Olives pendantes ;
Et la plaine jaûnit de moiſſons abondantes.
Autant qu'en traits divers, nous differons en
    mœurs ;
Le ſage s'accommode à toutes les humeurs :
Tel qu'un autre Prothée, il maſque ſon viſage ;
Suivant le temps, les lieux, la ruſe eſt en uſage.
Ici, d'un trait ſubtil on lance le poiſon ;
Là, l'avide beauté devore l'Hameçon ;
Ailleurs, dans des filets on ſurprend ſa fineſſe.
Toûjours imprudemment ſe livre la jeuneſſe ;
L'âge mûr apperçoit vos ruſes de plus loin :
Obſervez donc ſur tout les âges avec ſoin.

   Ne ſoyez point ſçavant auprès d'une innocente :
Certaine liberté trop vive & trop preſſante
Effarouche un objet encor plein de pudeur.
Sa ſimplicité tremble, en voyant tant d'ardeur :
Souvent celle qui craint un Cavalier aimable,
Le plus groſſier Amant, ſçait la rendre traitable.
Qu'en ces lieux, dit l'Amour, un moment de
    repos,
Pour marquer ma victoire, arbore mes Drapeaux.

Fin du Chant premier.

CHANT SECOND.

QUE vos Chants redoublés fignalent votre
    joie :
Dans vos heureux filets j'ai conduit votre proie.
Aux plus doctes écrits préférez mes travaux ;
Leur fecours vous promet des Triomphes nou-
    veaux.
Semblable à vous, Paris, dans le fein de la Gréce,
Sur la foi de Vénus, enleva fa Maitreffe.
Il n'apperçut qu'Helene ; & brava les dangers
D'un Peuple d'ennemis fur des bords étrangers.
Jeuneffe, où courez-vous ? vos voiles vagabondes
Sont encor le jouet & des vents & des ondes :
Le Port, que vous cherchez, eft éloigné de vous :
De ce qui fuit dépend votre fort le plus doux.
Mon Art vous a foumis le cœur de votre Belle ;
Mon Art feul foutiendra votre pouvoir fur elle.
S'il eft beau de dompter de nombreux ennemis ;
L'eft-il moins de regner fur leurs cœurs affervis ?
Souvent des grands fuccès le fort fait le partage ;
Mais l'habileté feule en fixe l'avantage.
    Mere des doux plaifirs, & toi divine Sœur,
Qui du nom de l'Amour partages la douceur,
Si jamais j'éprouvai vos bontés fecourables,

En ce hardi projet soyez moi favorables.

J'entreprens en ce jour d'enseigner aux Amans

L'Art de tirer l'Amour de ses égaremens.

C'est un enfant léger ; la preuve est dans ses ailes :

Arrêtons, s'il se peut, ses courses infidéles.

Retenu par Minos, Dédale de ses mains

Sçut autrefois des airs s'applanir les chemins.

Dès qu'il eut terminé son sçavant labirinthe,

Et vû le Minotaure en sa terrible enceinte :

Rendez - moi, disoit-il, à mon païs natal :

Je me sens approcher de mon terme fatal.

Il est temps, ô grand Roi, que cet exil finisse ;

Qu'à mes Ayeux enfin la mort me réünisse.

Si mon âge ne peut trouver grace à vos yeux,

Révoquez pour mon Fils ces ordres odieux.

Inutiles efforts ! prieres impuissantes !

Minos est insensible à ces raisons pressantes.

>> Que mon Art vienne ici, dit-il, à mon secours :

>> C'est à toi, mon esprit, qu'aujourd'hui j'ai re-
  cours.

>> Mon barbare Tyran tient Neptune & la Terre :

>> J'éprouve l'un & l'autre à ma fuite contraire.

>> L'Air au moins est pour nous ; fendons son vaste
  sein :

>> Approuvez, Jupiter, ce généreux dessein.

>> Je n'attaquerai point votre Palais céleste :

>> Pour braver un cruel, ce chemin seul me reste.

» Pénétrons les enfers, s'il le faut, à ce prix ;
» L'adverſité ſouvent anime les eſprits.
Qui croiroit qu'un mortel, s'élevant juſqu'aux nues,
Pût s'ouvrir dans les Airs des routes inconnues ?
Par des ailes, qu'il ſçait artiſtement ranger,
Il ſe promet bientôt d'en vaincre le danger :
Un fil en maintient l'ordre ; & la cire amollie
Eſt l'unique ciment qui les forme & les lie.
Sans ſonger que bientôt il doit en être armé,
De ce travail Icare en jeune homme eſt charmé.
» Oui, voilà mes vaiſſeaux ; & ma ſage conduite
» Sçaura loin de ces lieux diriger notre fuite,
» Dit ce Pere : partons, & traverſons les airs ;
» Puiſque ſeuls à nos vœux ces chemins ſont ouverts.
» Evite bien, mon Fils, & le Bouvier, & l'Ourſe :
» Du brûlant Orion éloigne auſſi ta courſe :
» Regle ton vol ſur moi ; je ſçaurai te guider :
» Du Soleil trop voiſin ſongeons à nous garder ;
» La cire couleroit à ſon approche ardente.
» N'écoute point non plus une crainte imprudente ;
» Et ne va point raſer ces baſſes régions,
» Que couvrent des brouillards les ſombres légions :
» Tiens toujours le milieu : céde à la violence
» Du fougueux Aquilon : imite ma conſtance.
Du léger attirail le Pere arme ſon Fils ;
Lui répete cent fois, mais en vain, ſes avis ;
Il lui montre à mouvoir cette armure avec regle.

Tel aux plaines des airs on voit s'ébattre un aigle,
Quand voulant animer leur vol audacieux,
Il ouvre à ſes aiglons les vaſtes Champs des Cieux.
Nouvel Oiſeau, Dédale agite ſes deux ailes,
S'élance, vole & plane en ces routes nouvelles.

Un Côteau s'élevoit ſur ce funeſte bord,
D'où ces hardis mortels vont prendre leur eſſor :
Le Pere de ſon Fils ſe fait encore entendre ;
Il l'anime, & retient ſa courſe pour l'attendre.
Icare, dans ſon vol bientôt trop aſſuré,
Aime à ſe voir voiſin de l'Olimpe azuré.
Des Pêcheurs, les voyant traverſer ſur leurs têtes,
Laiſſent d'étonnement leurs lignes déja prêtes.
Dejà ces deux Courſiers avoient franchi Samos :
Derriere eux s'éloignoient Paros, Naxe & Delos ;
Sur leur droite dejà diſparoiſſoit Lebinthe ;
Quand Icare enhardi brave toute contrainte,
Eleve tout à coup ſon vol ambitieux,
Laiſſe ramper ſon pere, & monte au haut des
    Cieux.
Trop proche du Soleil, ſa volante machine
De tous côtés ſe lâche & menace ruine.
Du haut du Ciel, Icare enviſage les mers ;
Ses yeux par la frayeur d'un voile ſont couverts ;
Tout manque ; ſes bras nuds en vains efforts
    s'agitent ;
Il eſt ſans mouvement ; & ſes ailes le quittent :

Je tombe, cria-t'il : ô mon Pere, arrêtez.
Ses cris font avec lui fous les eaux emportez :
Ce Pere infortuné d'abord appelle Icare.
Icare, où te chercher ? quel malheur nous fépare ?
Il en decouvre, hélas ! les ailes fur les eaux.
Aux reftes de ce Fils, rejetté par les flots,
Ce Vieillard, en pleurant, donna la fepulture :
Cette Mer partagea fa funefte avanture.
Tout Roi qu'étoit Minos, & quoiqu'il pût ofer,
A l'ouvrage d'un homme il ne put s'oppofer :
Et moi, d'un Dieu puiffant je veux lier les ailes,
Quoiqu'elles foient en lui des armes naturelles.

Les Philtres amoureux & les enchantemens
Sont des foibles efprits les vains amufemens.
Les herbes, les poifons, que compofoit Medée,
N'empruntent leur vertu que d'une folle idée :
Loin de flatter l'Amour ils lui font en horreur ;
Ils troublent la raifon & portent la fureur.
Si de crimes pareils Vénus étoit complice ;
Circé dans fon Palais auroit contraint Uliffe.
Le vrai mérite feul a le droit de charmer ;
Tout effort criminel ne peut vous faire aimer.
Le fecret fûr de plaire eft de fe rendre aimable :
Ce qui ne luit qu'aux yeux, eft le moins efti-
    mable.
Pour fixer la beauté, que votre cœur chérit,
Aux agrémens du corps joignez ceux de l'efprit.

Les attraits paſſent vîte ; ils ſont un bien fragile ;
Le temps l'emporte, & fuit comme un voleur
    agile.
Demain, malgré vos ſoins, les plus brillantes fleurs
Verront ternir l'éclat de leurs vives couleurs :
De la Roſe, en nos champs, l'épine ſeule reſte.
L'âge ainſi fait en nous un ravage funeſte :
Les rides vont dans peu nous ſillonner le front ;
Sous ces glaçons peſans nos cheveux blanchiront.
Formez vous par l'eſprit une beauté durable ;
L'eſprit juſqu'au tombeau rend un homme agréa-
    ble.

Que, dès vos jeunes ans, les beaux Arts cultivés
Vous parent des Lauriers aux *Sçavans* reſervés :
Des tréſors de la Grece enrichiſſez vos veilles :
L'éloquence en leurs fonds va puiſer ſes merveilles.
Uliſſe en tous ſes traits n'eut, dit-on, rien de
    beau :
N'a-t'il pas de l'Amour allumé le flambeau ?
Ses talens enchanteurs, par leur flatteuſe adreſſe,
Des Nimphes de la Mer ont ſurpris la tendreſſe ;
Calipſo condamnoit ſon départ propoſé :
Neptune eſt, diſoit-elle, à vos vœux oppoſé.
Ah, que n'inventa point ſa crainte ingénieuſe !
Que de fois ſa douleur, fauſſement curieuſe,
Veut d'Ilion encore entendre les malheurs !
Ce Prince les retrace avec d'autres couleurs.

Sur le rivage aſſiſe, un jour, cette Déeſſe
Veut ſçavoir les exploits des Héros de la Grece :
D'un roſeau, qu'il tenoit dans ſa main par hazard,
Uliſſe forme un ſiége ; il le trace avec Art.
Là, dit-il, étoit Troie ; il en peint les murailles :
Voici le Simoïs, qu'ont rougi cent batailles ;
Les tentes de Rhéſus occupoient ces quartiers ;
C'eſt-là que dans la nuit j'enlevai ſes Courſiers.
Pergame ainſi tracée, un flot vient, & l'efface ;
De Rhéſus, de ſon Camp on ne voit plus la trace :
Crains, lui dit Calipſo, ce terrible Element :
Vois quels noms ſa fureur détruit en un moment !

     Loin de vous prévaloir d'une aimable figure,
Ajoutez à ſon prix un agrément qui dure.
L'adroite complaiſance engage les eſprits :
On n'a pour un brûtal que haine & que mépris.
Le Loup & le Milan, qui n'aiment que la guerre,
Ne peuvent s'aſſurer d'azile ſur la terre :
Le Roſſignol tranquile exhale ſes doux ſons,
Et la Fauvette en paix couve dans les buiſſons.
Point d'aigreur, de débats, ni de triſtes ruptures ;
L'Amour dans la douceur trouve ſa nourriture.
La femme & le mari, dans leurs aigres accès,
Se chaſſent tour à tour, ſont toujours en procès :
L'himen fut de tous temps ſuivi de la querelle ;
Toute Epouſe pour dot vous l'apporte avec elle.
Auprès d'une Maitreſſe, Amans, agiſſez mieux ;

Ne lui parlez jamais que d'un ton gracieux.
Ce n'est point une Loi, qui vous unit enfemble :
Par des liens fecrets l'Amour feul vous raffemble :
Qu'un abord careffant, que des propos chéris
N'annoncent avec vous que les jeux, & les ris.
   Je ne viens point au riche offrir un vain pré-
      cepte ;
Sa liberalité du grand nombre l'excepte.
Quiconque peut donner, a tout l'efprit en foi :
Je lui cede : un tel homme en fçait bien plus que
      moi.
J'étois pauvre, en aimant ; j'enfeigne mes fem-
      blables :
Mes préfens fe faifoient en difcours agréables.
Pauvre, aimez fagement ; ne parlez qu'à propos ;
Plus fouple que le riche, endurez en repos.
Je m'en fouviens encore : un jour, dans ma colere,
J'arrachai les cheveux de qui m'avoit fçu plaire :
Que ce tranfport fatal me couta de foupirs !
Que ce malheureux jour m'enleva de plaifirs !
Son voile déchiré fut, dit-on, mon ouvrage :
J'en doutois ; mais ma bourfe en répara l'outrage.
N'allez point follement ainfi vous irriter ;
En ce point feulement gardez de m'imiter.
Avec fincérité votre Maître s'accufe ;
Ma franchife aux jaloux ne laiffe plus d'excufe.
Contre nos ennemis aiguifons tous nos traits ;

Mais offrons au beau Sexe une éternelle paix :
Parmi les doux plaisirs, les jeux, les ris folâtres,
N'apportons à ses pieds que des vœux idolâtres.

L'infensible à vos vœux répond par des froideurs :
Souffrez ; vous la verrez partager vos ardeurs.
Une branche languit ; votre main la redresse :
La force vous sert moins, que les soins & l'adresse.
Le nageur fend les eaux, en leur obéissant ;
Et perd contre leur cours un effort impuissant.
La douceur apprivoise & l'Ours & la Panthere ;
Le fier Taureau domté va labourer la terre.
L'implacable Atalante égorgeoit ses Amans ;
Mais un Amour vangeur eut aussi ses momens :
Mélanion, pleurant sa triste destinée,
De sa Nimphe accusoit la rigueur obstinée :
Par son ordre, il portoit ses filets sur son dos,
Dans le sang des Lions teignoit ses Javelots :
En se livrant lui-même aux foibles traits d'Ilée,
Il vit enfin la mort tant de fois appellée.
Mon Art n'ordonne point de parcourir les bois,
Ni sous un tel fardeau de se mettre aux abois.
Pour finir vos malheurs, ne cessez point de vivre :
Ma plus dure leçon est agréable à suivre.

Soyez à votre Reine un sujet dépendant :
Cedez lui ; la victoire est à vous, en cédant.
Elle approuve, approuvez ; blâmez quand elle
 blâme :

Que de vos sentimens le sien devienne l'ame.
Riez, quand elle rit ; pleure-t'elle ? pleurez ;
Ses beaux yeux sont pour vous des guides assurez.

Dans le **Jeu** finement s'exprime la tendresse :
L'Amant n'y doit jamais chagriner sa Maitresse.
Toute perte est sensible ; & sans autre interêt,
Le sort peu favorable à tout vaincu déplaît.
Perdez donc noblement ; & sauvant l'apparence,
D'un gain sacrifié montrez quelque esperance.

Certains soins obligeans sur elle ont tout pou-
    voir :
Sans honte, vous pouvez lui tenir son miroir.
Celui, qui de Junon sçut fléchir la colere,
Et qui porta le Ciel aujourd'hui son salaire,
Alcide près d'Omphale, en un Palais caché,
A tourner un fuseau fut long-temps attaché :
Ce Héros d'une Belle a reconnu l'empire.
A de plus grands honneurs quel témeraire aspire ?
Peut-on craindre, en suivant un modéle aussi beau ?
Comptez - vous rencontrer votre Amante au Bar-
    reau ?
Devancez le moment fixé par elle même ;
Soyez, pour la quitter, d'une lenteur extrême :
Elle parle ; volez à son commandement :
L'Amour est offensé de tout retardement.

Au sortir d'un souper, vous la menez chez elle ?
Rendez lui les devoirs d'un esclave fidele.

On eſt à la campagne; on vous fait avertir :
Vous manquez de voiture; il faut toujours partir;
Dans le chemin prenez pour guide la tendreſſe.
Vénus dans ſes ſujets mépriſe la pareſſe :
Traverſez dans l'Eté les plus brulans climats;
Affrontez dans l'Hiver la grêle & les frimats.
    L'Amour veut du courage; & ſemblable à Bel-
      lonne
De ſes exploits comme elle, il émeut, il étonne.
Quittez ſes bataillons, vous, dont la lâcheté
Craint & fuit un honneur par la peine acheté.
Ses Soldats accablés de veilles éternelles,
Dans ſon camp douloureux, ſervent de ſentinelles;
Il n'appartient qu'aux cœurs ennemis du repos,
De ſe charger du ſoin de ſes heureux Drapeaux.
Des plus preſſans dangers fut-elle environnée;
Leur valeur en revient de Mirthes couronnée.
    Des torrens, qui ſur vous fondent du haut des
      airs,
Vous replongent ſouvent dans l'horreur des hivers.
Jadis Admete a vu le Dieu de la lumiere
Habiter ſous le toit d'une ſimple chaumiere :
Et comme un vil berger, ſur de triſtes Côteaux,
Pendant l'Eté brûlant conduire ſes Troupeaux.
Ce qu'a fait Apollon, peut-il vous faire honte ?
Eſt-il rien, quand il veut, qu'un Amant ne ſur-
      monte ?

Dépouillez tout l'orgueil d'un fade & vain hon-
  neur,
Vous, qui dans vos Amours fixez votre bonheur.
  Celle que vous aimez, vous interdit sa vue;
De la voir librement l'esperance est perdue;
Qu'un passage secret soit la nuit hazardé,
Et le mur le plus haut par vous escaladé:
En voyant les dangers, où son Amant s'expose,
Elle s'applaudira de s'en trouver la cause.
Il n'est pour votre Amour d'exploits plus glorieux
Ni de garand plus sûr du pouvoir de ses yeux.
Léandre ne bravoit les flots & la tourmente,
Que pour mieux s'assurer du cœur de son Amante.
  Rendez à vous servir ses esclaves zélés;
Qu'ils soient avec douceur par leurs noms appellés:
Des suivantes sur tout distinguez les premieres;
Aux caresses joignez quelquefois les prieres.
  Amans, ne craignez point de vous humilier;
Par de foibles présens vous pouvez les lier.
Payez plus largement celle, qu'un Maître austere
A surprise employant pour vous son ministere.
Bientôt vous les verrez tous, devenus discrets,
Epouser chaudement vos tendres intérêts.
Loin de vous appauvrir, pour gagner votre Belle,
Que vos dons les plus chers soient d'une bagatelle.
Sous leurs heureux Trésors se courbent les ra-
  meaux:

Pour elle choisissez leurs présens les plus beaux ?
Quoiqu'au marché l'argent vous en ait rendu Maî-
     tre,
Dites qu'en vos jardins vous les avez vûs naître :
Un bouquet, une fleur lui fera votre cour.
Voilà les Messagers que veut avoir l'Amour ;
D'un souvenir flatteur ils ont en eux le gage ;
La Belle avec plaisir entendra leur langage.

Apollon de nos jours voit braver son talent :
N'importe, essayez vous à faire un vers galant.
Vos Chants seront loüés ; mais on veut des lar-
     gesses :
Du riche impertinent on aime les richesses.
C'est-là le siécle d'or ; à l'or tout rend honneur ;
Le plus rustique Amant trouve le vrai bonheur.
Que le divin Homere à Rome se transporte :
S'il n'offre que sa muse ; Homere est à la porte.
On voit par les beaux Arts des femmes s'illustrer ;
Mais peu d'un tel honneur ont droit de se titrer ;
Dans un nombre plus grand réside l'ignorance ;
On n'en prétend pas moins au nom de la science.
Sans péser leur merite, offrez-lui vos chansons ;
Et, lecteur gracieux, relevez-en les sons.
Peut-être en verrez-vous votre Amante plus vaine,
Mettre au rang des présens les fruits de votre
     veine.

Ce que vous préparez pour votre utilité,
                              Tachez

Tachez qu'à sa demande il soit exécuté.
Un esclave attendoit sa liberté promise ?
Ne l'en faites jouir que par son entremise.
A d'autres par bonté vous vouliez pardonner ?
Que sa protection vienne vous l'ordonner.
Qu'elle vous doive enfin votre propre avantage ;
La gloire d'obéir devient votre partage :
Celle de commander, flattant tout bas son cœur,
Lui fait par vanité reconnoître un vainqueur.
     Pour allumer en elle une flamme durable,
Qu'une Amante se croye à vos yeux adorable.
Vient-elle se montrer dans ses brillans atours ?
Dites que leur éclat fait naître les Amours.
Est-elle négligée ? elle en est plus touchante.
Tel que soit un habit ; que son goût vous enchante.
Tout lui sied, selon vous ; mais l'or, les diamans
Sont à vos yeux charmés ses moindres ornemens.
En tout temps jurez-lui, qu'aux dons de la nature
Elle devra toujours sa plus riche parure.
S'est-elle fait friser ? l'amour dans ses cheveux
Sur un thrône ondoyant vient enlever vos vœux.
Elle chante, admirez ; plaignez-vous d'un air tendre,
De voir trop tôt finir le bonheur de l'entendre.
Quand sur certains plaisirs s'échapent vos discours,
Aux transports les plus vifs donnez un libre cours ;
Fut-elle une Méduse intraitable & sauvage ?
Vous sçavez l'adoucir par ce tendre langage.

D

Si vous diffimulez, faites le finement ;
Vous perdez vos douceurs, quand votre air les
　　dément.
La rufe enveloppée utilement s'emploie ;
Et l'artifice nuit d'abord qu'il fe déploie :
Le fourbe démafqué, d'une indigne rougeur
Se voit couvrir le front par un mépris vangeur :
　　Quand à fa fin prochaine on voit frapper l'Au-
　　tomne ;
Quand Bacchus joint fes dons aux préfens de Po-
　　mone,
Le froid alors au chaud livre un douteux com-
　　bat ;
Sous leurs coups oppofez la langueur nous abbat.
Si d'un air corrompu le trait malin la bleffe ;
Et qu'un lit douloureux foutienne fa foibleffe,
Qu'en vous l'Amour actif lui montre fon Amant ;
Semez, fi vous voulez moiffonner pleinement.
Loin qu'un trifte dégoût vous éloigne, ou vous
　　laffe,
Tout ce qu'elle permet, que votre main le faffe :
A fes yeux attentifs laiffez couler vos pleurs ;
Dans tous vos mouvemens exprimez vos douleurs ;
Sans fin formez des vœux ; toujours en fa pré-
　　fence
Que vos rêves comptés flattent fon efperance.
Hâtez avant leurs temps les foins réligieux,

Qui fçavent diffiper un air contagieux.
Tels fervices rendus font payés avec joie ;
De la félicité leur prix ouvre la voie.
Que trop d'empreffement n'aille point vous trahir ;
Un foin difgracieux peut vous faire haïr.
Loin de lui préfenter, d'une main rebutante,
D'une amere boiffon la coupe dégoutante ;
Laiffez à vos rivaux ce chagrinant emploi.
Dans ce qui plaît, l'Amour a renfermé fa Loi.

  Le Zéphir, qui nous fert à quitter le rivage,
Eft d'un foible fecours dans un lointain voyage ;
Et, lorfqu'en pleine Mer nous avons à courir,
C'eft à des vents plus forts qu'il nous faut recourir.
L'Amour de fa foibleffe en naiffant fe défie ;
Mais le moindre aliment dans peu le fortifie.
L'on careffoit petit cet effrayant Taureau ;
Et ce Chêne touffu fut un foible rameau :
Un fleuve roule à peine en fes naiffantes ondes ;
C'eft à fon cours qu'il doit fes richeffes profondes.
De l'habitude ainfi s'augmente le pouvoir.
Que votre Belle donc s'accoûtume à vous voir :
Vos efforts affidus vous ouvriront fon ame ;
Et fes refus laffés allumeront fa flamme.
Dans les momens permis, préfentez-vous toujours ;
Employez à la fuivre & les nuits & les jours ;
Dès que votre victoire aura ferré fes chaines,
Votre abfence en fon cœur fera paffer vos peines.

Sagement donnez lui quelque tranquillité ;
Le repos de nos champs fait la fertilité ;
La pluie abreuve mieux une Terre alterée.
Phillis n'éprouve encor qu'une ardeur moderée,
Tant que Démophoon est présent à ses yeux ;
Il allume en partant ses transports furieux.
Par son éloignement, l'ingénieux Ulisse
De sa chaste moitié fait durer le supplice :
Laodamie en pleurs court après son Amant.

Mais d'une absence utile abregez le moment ;
Le temps chasse bientôt les douleurs qui nous pres-
    sent ;
Trop éloignés de nous, les Amours disparoissent,
Et leur fuite fait place à des amours nouveaux.
Imiter Menelas, c'est servir ses rivaux ;
Cet imprudent s'absente ; Helene se désole ;
Mais un hôte amoureux aussitôt la console.
Quel est d'un tel époux l'étrange aveuglement !
Sa femme en son Palais reste avec son Amant.
A ce départ croit-il que la raison consente ?
C'est remettre au vautour la Colombe innocente
Ton injuste colere éleve en vain ses cris.
Tu ferois, Menelas, tout ce que fait Paris.
C'est ta facilité, qui leur dit d'entreprendre ;
A tes conseils secrets ils ne font que se rendre :
Accuse-toi ; tous deux à mon sens sont absous,
De s'être ainsi vangé d'un si commode Epoux.

Un Léopard blessé, dont la dent menaçante
Ecarte d'ennemis une troupe aboyante ;
La Lionne, allaitant ses Lionceaux naissans ;
Le Serpent, que sous l'herbe ont heurté des pas-
        sans
Sont moins à redouter dans l'effort de leur rage,
Qu'une Amante sensible au douloureux outrage,
Que lui fait un Amant de sa rivale épris.
Ses yeux sont plèins du feu qui trouble ses esprits ;
Elle ne garde plus aucune bienséance,
Et la flamme & le fer sont peu pour sa vangeance.
Telle est une Ménade, errante dans les bois,
Quand son démon l'agite & la met aux abois ;
Sur ses propres Enfans une Mere cruelle
Se vange des mépris de Jason infidele.
Progné d'un sang si cher étouffe aussi les cris :
Sur sa plume à jamais ces monstres sont écrits.
C'est là ce qui des cœurs rompt la plus forte
        chaine,
Et du sein de l'Amour fait élever la haine.
Tremblez, traitres Amans, & craignez les effets
D'un courroux qui se porte au plus noir des for-
        faits.
    Je ne viens point non plus, en Censeur trop
        austere,
Prêcher mal à propos la réforme à Cithere ;
Ni pour un seul objet restraindre vos desirs :
                        D iij

C'eſt d'un frein trop gênant captiver vos plaiſirs.
Qui pourroit vous blâmer, en imitant vos Belles ?
Suivez dans vos Amours la nouveauté comme elles;
Mais cachez-en l'éclat ſous des voiles diſcrets ,
Sans faire vanité de vos lauriers ſecrets.
Craignez, s'il eſt connu, qu'un préſent ne révele
Le Miſtere odieux de votre ardeur nouvelle ;
Par des regards jaloux pour n'être point ſurpris ,
Qu'en des lieux differens vos rendez-vous ſoient
    pris :
Que vos lettres ſurtout, en ſages confidentes,
Ne paſſent qu'en des mains fidéles & prudentes.
En offenſant Vénus, redoutez ſon courroux ;
Son juſte déſeſpoir va s'armer contre vous ;
Et renvoyant le trait, dont vous l'avez atteinte,
Des mêmes coups bientôt fait naître votre plainte.
Auprès de Clitemneſtre , Agamemnon content
La vit bruler pour lui du feu le plus conſtant ;
Son exemple indiſcret la rendit criminelle.
Chaque jour elle apprend quelqu'injure nouvelle ;
Chryſeïs retenue annonçoit ſes malheurs ;
Bryſeïs enlevée aigriſſoit ſes douleurs ;
La ſeule renommée avoit rempli la terre
Des démêlés honteux, qui prolongeoient la guerre :
Mais Caſſandre à la fin venant bleſſer ſes yeux
Ne confirma que trop ces récits odieux.
Sur ſon volage époux cette Reine attentive

Voit tomber ce Vainqueur aux pieds de sa captive ;
De la rage aussitôt la cruelle douceur
Lui fait du plus grand crime approuver la noir-
　　ceur.
　　Des feux que vous cachez, s'il sort quelque étin-
　　celle
Niez avec dédain tout ce qui vous décele.
Fuyez dans ces momens un air simple & flatteur ;
Trop de soumission démasque un imposteur.
Vous avez de la paix le plus précieux gage ,
Il vous servira mieux que le plus doux langage ;
Par vos exploits nouveaux, dissipant sa terreur,
Replongez votre Amante en son aimable erreur.

　　J'ai vû, pour réveiller les ardeurs amoureuses ,
Faire exprimer les sucs des plantes dangereuses ;
Le germe de l'ortie au poivre est ajouté ;
Le souphre avec le vin est encore apprêté.
Toutes ces mixtions sont poisons véritables ;
Leur secours est sans force , en ces jeux délecta-
　　bles.
Vénus, qui de bienfaits comble ses Partisans,
A des efforts pareils, refuse ses présens.
Il est pourtant, dit-on, d'innocentes recetes :
La Morille & la Trufle ont des forces secretes ;
L'œuf ainsi que le Miel sert au corps abbatu ;
Le fruit noueux du Pin n'a pas moins de vertu.
Mais à quoi bon, Amour, chercher tant d'artifice ?
　　　　　　　　　　　　D iv

Toi seul, tu dois servir à tes doux sacrifices.

Si sur de vains sujets je me suis arrêté,
Qu'on ne me blâme point de ma légéreté.
Dans ma route je suis différentes étoiles :
Tous les vents tour à tour viennent enfler les
     voîles.

Il est d'ingrats objets, de qui le tendre Amour
N'oseroit esperer le plus juste retour :
L'affreuse jalousie est seule assés puissante,
Pour tirer du sommeil leur ame languissante :
Enivrés quelquefois par la prospérité,
Nous ne sçaurions gouter notre félicité.
Un brasier sur sa fin n'offre plus de lumiere,
Et de cendre couvert perd sa chaleur premiere ;
Le souffle en le touchant sçaura le ranimer ;
Bientôt vous le verrez de nouveau s'enflammer.
Que d'un fidéle Amant la passion rusée
Rappelle ainsi les feux d'une tendresse usée :
Lorsque de votre Belle une froide langueur
Contre vous trop long-temps exerce sa rigueur,
Faites naître la crainte en son ame allarmée ;
Qu'elle pâlisse au bruit d'une rivale aimée :
Heureux, trois fois heureux, qui peut en ces
     momens
Dans un cœur agité causer mille tourmens !
Votre crime vient-il à frapper son oreille ?
Aux douleurs de la mort sa douleur est pareille.

Que ne fuis-je à tel prix un objet odieux !
Qu'elle arme contre moi fes ongles furieux ;
Quand fe fixent fur moi des yeux baignés de lar-
      mes,
Ah ! que tout leur courroux pour les miens a de
      charmes !
Que fon dépit, cherchant en tous lieux à me voir,
Sans moi ne puiffe vivre, & veuille le pouvoir.
Mais ne prolongez pas cette heure douloureufe :
La colere affermie en une ame amoureufe,
Y faifant fa demeure, en peut chaffer l'Amour ;
Offrez-lui les douceurs d'un paifible retour :
Tenez la tendrement en vos bras foupirante ;
Dans votre fein ouvert renverfez-la pleurante ;
Que vos ardens baifers diffipent fes douleurs,
Et que par vous Vénus vienne effuier fes pleurs.
La paix regne auffitôt, & bannit la colere :
Le fçeau d'un tel accord a le droit de lui plaire.
C'eft dans un doux réduit, ennemi du grand jour,
Que l'aimable concorde établit fon féjour ;
Elle y foule à fes pieds les armes condamnées :
C'eft dans ce lieu charmant que les graces font
      nées.
Deux pigeons, qui voloient dans l'inftant aux com-
      bats,
S'uniffant bec à bec, forment de doux ébats ;
Leur murmure confus fe fait affez entendre,

Et l'effet fuit de près un langage fi tendre.

Dans les temps ténebreux du naiffant univers,
Une maffe enfermoit tous les êtres divers.
La Terre, l'Eau, le Ciel, dans un cahos énorme,
Confondus & mêlés n'avoient aucune forme.
D'abord le Ciel brillant au plus haut fe plaça,
L'Océan s'étendit, la Terre s'abaiffa.
L'ordre venant enfuite animer la nature,
Les hôtes des forêts y prirent leur pâture ;
Les Oifeaux de leur vol parcourûrent les Airs ;
Et l'on vit les Poiffons s'élancer dans les Mers.
Les humains vagabons erroient dans les Campa-
    gnes,
Et fous un Arbre épais logeoient fur les Mon-
    tagnes ;
Le Jonc formoit leur lit, & le gland leur repas ;
Méconnus l'un à l'autre, ils couroient au trépas.
L'Amour fçut adoucir une humeur fi farouche,
Aux deux Sexes offrant une commune couche.
On conte qu'au travers de leur rufticité
L'un s'approcha de l'autre avec fimplicité ;
Ils trouverent fans guide un chemin falutaire ;
Et la Nature feule accomplit fon miftere.
Les Oifeaux amoureux contentent leurs defirs :
L'humide & froid Poiffon court aux mêmes plaifirs ;
Le Cerf entre en fureur pour la Biche qu'il aime ;
Tout ce qui vit enfin fuit cette Loi fuprême.

Servez-vous donc , Amans , d'un si puissant se-
      cours :
Lui seul de vos débats peut arrêter le cours.
Remede plus certain que tous ceux d'Hippocrate ;
Il calme une emportée , il fléchit une ingrate.

   Attiré dans ces lieux , au bruit de mes chansons ,
Phœbus vint de ma lyre interrompre les sons ;
Il avoit de Lauriers la tête couronnée ,
D'un semblable Rameau sa main étoit ornée.
»» Toi , qui du tendre Amour viens tracer les leçons ,
»» Dans mon Temple , dit·il , conduis tes nour-
      rissons ;
»» Là , s'offre à leurs regards une juste Sentence ,
»» Dont l'univers entier célébre l'importance ;
»» Que chacun soit , dit-il , à soi-même connu :
»» L'esprit en sa faveur aisément prévenu
»» De l'Amour prudemment suit les douces amor-
      ces ,
»» Et dans son vol hardi sçait mesurer ses forces.
»» Celui , que la nature enrichit d'heureux traits ,
»» Sans affectation peut montrer ses attraits.
»» Librement doit s'ouvrir une bouche éloquente ,
»» Et parer ses discours d'une beauté piquante.
»» Qu'une agréable voix aime à chanter souvent ,
»» Quelquefois un Buveur réjoüit en buvant :
»» Mais qu'un sçavant jamais , quand il en conte
      aux Belles ,

>> En vain déclamateur ne s'érige auprès d'elles :
>> Que jamais*, de ses vers fougueux récitateur,
>> Un Poëte ne prenne un visage d'Auteur.
Ainsi parle Apollon ; que son avis vous touche :
La vérité toujours s'explique par sa bouche.
Je le répete encore ; agissez sagement :
Et vous serez heureux dans votre engagement.
Le Sillon ne rend pas toujours avec usure ;
Le bon vent à nos vœux rarement se mesure :
Plus de maux que de biens dans l'Empire amou-
    reux :
Le sort de ses sujets est un sort rigoureux.
Au tour du Mont Hybla voltigent moins d'Abeilles,
L'Eté fait moins rougir de Raisins sous les treilles,
Et l'on voit au Printemps éclore moins de fleurs,
Que l'Amour dans son sein n'enferme de douleurs.
Sous le poids de ses fers gémit notre foiblesse ;
Dans le Fiel sont trempés les traits dont il nous
    blesse.
L'inhumaine vous fuit, quand vous allez la voir ;
Vous le sçavez ; feignez de ne le pas sçavoir.
Sa rigueur vous refuse une faveur promise ;
N'en laissez échapper qu'une plainte soumise.
  Un Esclave imposteur, par d'insolens rapports,
Vous irrite ; calmez vos plus justes transports :
Que soigneux à cacher sa douleur véhemente,
Dans sa peine un Amant respecte son Amante.

Elle appelle ; volez : fuit-elle ? éloignez-vous :
Gardez-vous fur vos pas d'amener les dégouts.
Ranimez plus encor vos flammes outragées ;
Les épines en fleurs dans peu feront changées.
Dans fa grondeufe humeur fouffrez jufqu'à fes
    coups ,
Et dans ce moment même embraffez fes genoux.
    Sur de foibles fujets trop long-temps je m'arrête ;
A prendre un autre effor que ma mufe s'apprête.
J'entreprens de changer un deftin malheureux :
Le fuccès aime à fuivre un effort généreux.
Que votre ame à mes Chants fe livre toute entiere :
Je traitte de vos foins la plus noble matiere.
De votre heureux rival ne foyez point jaloux ;
La victoire à coup fûr fe range auprès de vous.
Fiez-vous à ma voix, comme aux divins oracles ;
Ce font'là de mon art les plus fameux miracles.
La Coquette fourit ; ne fuivez point fes yeux ;
Sur fes lettres jamais de regards curieux :
En obfervant fes pas, point d'odieufe gêne.
Qu'elle aille librement, où fon plaifir la mene.
Pour leurs femmes on voit de commodes époux ,
Dans les bras du fommeil , fuivre un parti fi doux :
Je n'ai point , je l'avoue, ce bel Art en partage ;
De mes propres confeils je perds tout l'avantage.
Moi prefent , à ma Belle on donne un rendez-
    vous !

Et je le souffrirois ? éclattez, mon courroux.
Un jour, je m'en souviens, je punis ma Maitresse
D'avoir de son mari souffert une caresse.
Mon amour va souvent jusqu'à la cruauté ;
Ces excès de mes feux ternissent la beauté.
L'Epoux, qui tait l'affront que lui-même il s'attire,
Est encor, selon moi, moins digne de Satire.
La plus sage conduite est de tout ignorer ;
Vous même gardez-vous de la déshonorer.
Que sa fausse pudeur colore son visage ;
Les vices déguisés font d'un aimable usage.
En dévoilant ainsi leurs Misteres secrets,
C'est ouvrir contre vous les sources des regrets.
Deux Amans découverts en serrent plus leurs chai-
        nes,
Et leurs plaisirs troublés s'accroissent de leurs pei-
        nes.
Dans de honteux filets Mars & Vénus surpris,
Jadis de tout l'Olimpe ont excité les ris :
Ce Guerrier enchanté de la belle Déesse
D'un ton de Conquérant fit parler sa tendresse ;
Ce Dieu plut à Cypris : tel Amant dans son cœur
Entre souvent sans peine, & s'en rend le Vain-
        queur.
Ah, que du Forgeron la jambe fut raillée !
Que ne dit-elle point de sa vue erraillée !
Aux yeux de son Amant ces risibles portraits

D'une grace nouvelle animoient ses attraits.
Dans ses premiers faux pas toute Belle est dis-
     crete ;
Ils cachoient avec soin leur démarche secrette :
Le Soleil, qui voit tout, les suit au rendez-vous ;
Et fait part au Mari de leurs jeux les plus doux.
Qu'au repos du public ton exemple est nuisible !
Pourquoi troubler, Phœbus, un commerce paisible ?
Vénus de ton silence a dequoi te payer ;
Suis plutôt le chemin qu'on a sçu te frayer ?
L'ingénieux Vulcain, follement susceptible,
Environne son lit d'un rêts imperceptible ;
Et les mains & les yeux sont trompés par son
     Art.
Pour Lemnos ce jour même il feint un prompt
     départ :
Le Guerrier amoureux recommence un doux siége ;
Et nos deux combattans se prennent dans le piége.
A sa honte le traître appelle tous les Dieux,
Et présente en Vainqueur ce Captif à leurs yeux :
Cypris veut vainement couvrir ces beautés nues ;
On voit enfin couler ses larmes retenues :
Malgré ton embarras, dit à Mars un railleur,
Console toi, ton rôle est ici le meilleur.
Le jaloux se rendant aux raisons de Neptune,
Ouvre à ses Prisonniers cette loge importune :
Mars en Créte s'enfuit, & Vénus à Paphos.

Ah, que tes coups Vulcain portent fur eux à faux!
Leur pudeur eft reftée en ta perfide toile :
Ils font à découvert, ce qu'ils cachoient d'un voile.
Leur intrigue en public éclate à tes dépens ,
Et l'on ne fçait que trop combien tu t'en repens.
 Vénus à mes avis ajoute fa défenfe ;
Qui pourroit effacer une fi noire offenfe.
Jamais à vos rivaux ne tendez de filets ;
Ne vous attachez pas à percer leurs fecrets.
Quel profane oferoit divulguer ces myfteres,
Dont Cerès a voilé fes réglemens féveres ?
Le fecret eft dans l'homme un mérite éclatant :
Qui devoit le garder, péche en le trahiffant.
Sous les avides yeux du malheureux Tantale,
Des mets les plus exquis un riche apprêt s'étale ;
Mais tout fuit, dès qu'il vient pour y porter la
  main ;
L'indifcret méritoit ce tourment inhumain.
Plus jaloux que Cerès, Cupidon nous ordonne
D'étouffer les fecrets des Fêtes qu'il nous donne.
Vous, qui les revelez, éloignez-vous , mortels ;
Gardez-vous d'approcher de fes facrés Autels.
Son culte ne veut point un ennuyeux filence ;
Mais d'un bruit fcandaleux il profcrit l'infolence.
L'efprit feul en public peut offrir fon encens :
Un voile doit couvrir le tribut de nos fens.
Sous les loix de Vénus chacun de nous s'engage :
Homme

Homme & femme à l'envi, tout parle son lan-
    gage ;
On sçait de son pouvoir jusqu'où vont les effets,
Mais par reconnoissance on cache ses bienfaits :
Sa main, toutes les fois qu'il faut quitter sa robe,
En certains lieux posée, aux regards la derobe.
La brute devant nous se contente en tous lieux ;
La femme par pudeur en détourne les yeux.
Un alcove est le champ des luttes amoureuses.
Contre les nudités les loix sont rigoureuses ;
Si nous ne cherchons point les horreurs de la
    nuit,
Aussi du trop grand jour le vain éclat nous nuit.
Dans ces siécles heureux du monde en son enfance,
Avant qu'un riche toit nous servit de défense
Contre l'âpre rigueur de la rude saison,
Un Chêne nourrissoit, & servoit de maison :
L'homme entroit à l'écart dans les cavernes som-
    bres,
Pour cacher ses plaisirs, des bois cherchoit les
    ombres.
Quoique grossier, ce peuple, ami de la pudeur,
Se gardoit en plein champ d'assouvir son ardeur.
A nos yeux maintenant on veut rendre célébres
Jusqu'aux exploits heureux que couvrent les téné-
    bres.
Qu'en revient-il enfin ? le plaisir d'en parler.

E

Un petit maître accourt, pour vous les réveler;
Et vous dit en fecret, comme il fait à cent autres:
Celle que vous voyez, elle eft encor des nôtres.
Combien en noircit-il de fon doigt effronté?
Rien que de faux, fouvent dans ce qu'il a conté.
Quelque impudent qu'il foit, ce brave qui fe
  vante,
Nieroit, s'ils étoient vrais, les crimes qu'il invente;
Il n'eft point de beauté qui n'ait fait fon bonheur,
Et dont fes vains récits ne flétriffent l'honneur.
Therfite en fes effets, mais Achille en paroles,
Ce lâche s'applaudit de fes exploits frivoles.
Va veiller maintenant, va, gardien trop jaloux,
Aux barreaux de ta porte ajouter cent verroux:
Vaine précaution! fur le nom de ta femme,
Impudemment s'éxerce un adultere infame.
Plus fages, plus prudens dans nos moindres dif-
  cours,
Nous couvrons de la nuit nos plus tendres Amours.
 Ne critiquez jamais les défauts d'une Belle:
Par ces légers égards vous vous affurez d'elle.
La taille d'Andromaque avoit peu d'agrément;
Les yeux du feul Hector lui trouvoient l'air char-
  mant.
L'Amour eft en naiffant délicat & fenfible;
Aux jeunes Arbriffeaux Zéphir même eft nuifible;
Sous une tendre écorce on les voit chanceler.

Mais devenus plus forts, qui peut les ébranler ?
Le temps ôte à nos yeux les taches du visage ;
Et qui déplut d'abord, plaît par un long usage.
D'un nom plus favorable employez la douceur :
Un teint noir n'est que brun : il n'est plus de
    noirceur.
On condamne ses yeux ; Vénus les a de même.
Dans ses cheveux ardens, c'est Pallas que l'on
    aime.
De sa maigreur choqué ne la critiquez point :
Elle a trop d'épaisseur ; louez son embonpoint.
Qu'elle même à ses yeux semble se méconnoître ;
Ne remontez jamais au jour qui l'a vû naître.
Les regards d'un Censeur sont toujours insultans,
Lorsque la Belle en tout n'est pas dans son Prin-
    temps ,
Que voulant effacer l'outrage des années ,
Elle cultive encor des fleurs deja fannées :
    D'un indigne repos fuyons les vains appas ;
La vieillesse sans bruit précipite ses pas.
Parcourez l'Océan, ou cultivez la terre ;
Jeunes hommes, bravez les périls de la guerre ,
Ou suivez vaillamment les amoureux combats :
Cupidon comme Mars couronne ses Soldats.
Mais qui de l'âge mûr ou de l'âge encor tendre
Sert mieux nos doux plaisirs, nous en fait plus
    attendre ?

L'un eſt un champ couvert des plus riches moiſ-
    ſons ;
L'autre offre à deffricher les plus âpres buiſſons :
Le premier poſſédant l'aimable expérience ,
Qui de tout ouvrier fait fleurir la ſcience,
Dans ſon ouvrage heureux en eſt plus entendu ,
Et ſçait mieux ménager le moment attendu ;
Sa mourante beauté, par ſes ſoins rajeunie ,
Reprend cette fraicheur que l'âge avoit ternie :
Au gré de vos ſouhaits, en cent & cent façons,
Du plus lubrique Amour elle ſuit les leçons ;
Son ame , aux voluptés ſe livrant toute entiere,
Des plus rians Tableaux orneroit la matiere.

    Je veux dans le plaiſir qu'on meure également,
 Que l'Amante au travail le diſpute à l'Amant.
Je hais le fade attrait d'un tribut néceſſaire,
Le goût honteux du temps n'a jamais ſçu me
    plaire :
Celle, à qui ſon ménage offre ſeul des appas,
Peut-elle me donner un bien qu'elle n'a pas ?
Dans le devoir pour moi trop de dégoût foiſonne ;
Tel que ſoit un plaiſir, un devoir l'empoiſonne.
Ah, qu'il m'eſt doux d'entendre une tremblante
    voix ,
Qui me peint ſon bonheur en ces charmans abois ;
Arrête : quel plaiſir ! ah , faut-il qu'il finiſſe ?
Conduis ton mouvement, & qu'au mien il s'uniſſe.

Que j'aime la langueur de ces yeux abbatus !
Que son transport me dise : hélas ! je ne vis plus.
C'est là que l'Art triomphe, & l'ardente jeunesse
D'un bien si délicat ignore la finesse :
Aux seuls hommes l'Amour réserve ces douceurs,
Sept lustres accomplis nous en font possesseurs.
Du vin nouveau qu'un autre affronte la fumée :
Pour un Nectar plus mûr ma soif est allumée :
Le bouton d'une fleur n'est encor d'aucun prix ;
La rose en son éclat charme nos yeux épris,
Et d'un parfum vivant répand la douce haleine ;
Pour Hermione enfin quitterez-vous Hélene ?
Non ; d'un si sage Amour si vous sentez les coups,
Il vous assurera les plaisirs les plus doux.

Mais je vois sur un lit deux Amans en retraite :
Muse, ne troublez point l'affaire qui s'y traite ;
Sans vous ils sçauront bien sçavamment s'exprimer ;
Ils sçauront bien sans vous au combat s'animer :
Ah, que leurs doigts actifs feront de douces bré-
    ches,
Dans ces lieux où l'Amour teint ses humides flé-
    ches.
Là s'égare en secret plus d'un sage Mentor :
Avec son Andromaque ainsi faisoit Hector ;
Achille ainsi traitoit sa captive fidéle,
Lorsque, vainqueur de Troie, il soupiroit près
    d'elle :

E iij

Tu souffrois, Bryséis, l'approche d'une main
Qui tous les jours, hélas, fumoit de sang humain ?
D'un bras victorieux tu te sentois pressée :
Peut-être ses lauriers flattoient-ils ta pensée ?

     Voulez-vous du plaisir savourer le plus fin ?
C'est insensiblement d'en ménager la fin ;
Que jamais la beauté, dont votre amour dispose,
A vos lascives mains sottement ne s'oppose :
Ses yeux s'enflammeront d'un éclat tremblotant ;
Tel sur l'eau le Soleil darde un rayon flottant.
Doux murmures, venez ; venez, plaintes pressan-
     tes,
Tendres gémissemens, paroles agaçantes.
Que sa vivacité ne vous devance pas ;
Et plus prompt qu'elle aussi, ne hâtez point vos pas.
Au but, où vous tendez, il faut vous rendre en-
     semble :
Que dans le doux instant le bonheur vous assem-
     ble.
C'est ainsi qu'on agit, quand on peut librement
Rechercher les douceurs d'un travail si charmant :
Vous craignez des jaloux, pressez plus votre ou-
     vrage ;
Et qu'une ardeur plus vive abrége le voyage.

     Dans le Port entre enfin mon Vaisseau fortuné :
Enfin levons le front de Mirthes couronné.
Ce que fut par son Art Machaon dans la Grece,

Achille par son bras, Nestor par sa sagesse,
Calchas par sa science, Ajax par ses exploits,
Je le suis en Amour par mes nouvelles loix.
Quels éloges de vous ne dois-je point attendre ?
Jeunesse, que mon nom partout se fasse entendre.
Mes vers vous ont armée : Achille de Vulcain
Reçut, dit-on, jadis une Armure d'airain :
Il a sçu s'en servir pour se couvrir de gloire.
Docile à mes avis, remportez la victoire ;
Et que celui de vous à qui mon trait vainqueur
D'une fiere Amazone aura soumis le cœur,
Sur son Trophée écrive : *Ovide étoit mon Maître.*
Mais quel Peuple brillant vois-je à l'instant pa-
　　roître ?
Belles, vous implorez le secours de mes Vers :
Les trésors de mon Art pour vous vont être ou-
　　verts.

Fin du Chant second.

CHANT TROISIÉME.

ARMONS, brave Amazone ; aujourd'hui ta
    Milice ;
Qu'elle entre fur tes pas dans l'amoureufe lice :
L'ennemi, qui bravoit tes Efcadrons galans,
Va connoître à fon tour tes belliqueux talens :
L'un & l'autre marchez avec d'égales forces ;
Que la gloire ait pour vous de femblables amorces.
Le parti protégé par Vénus & fon fils
Va faire fous fon joug tomber fes ennemis.
Les Belles, au combat n'apportant que leurs char-
    mes,
N'auroient pû foûtenir les efforts de nos armes ;
Un Triomphe fi vain, révoltant les efprits,
N'eût attiré fur nous qu'un odieux mépris.
D'un tel foin, dira-t'on, que faut-il qu'on efpere ?
C'eft fournir au venin dont s'arme une Vipere.
Contre tout le beau Sexe, où tend cette rigueur ?
Quand du crime une femme a pû braver l'hor-
    reur,
La honte n'en n'eft pas fur toutes répandue :
Une égale juftice à l'innocence eft dûe.
Si la perfide Hélene & fa cruelle Sœur
Ont fur les fils d'Atrée épuifé leur fureur ;

Si, jufqu'au bord du Stix, Eriphile en furie
A fait à fon Amant fentir fa barbarie :
Fidéle à fon Epoux, Pénélope à fon tour
Quatre luftres entiers attendit fon retour ;
Pour mieux prouver fa foi , de foi-même homi-
     cide ,
Dans le tombeau defcend plus d'une Phillacide :
La généreufe Alcefte, en courant à la mort,
De fon fidéle Admete a prolongé le fort ;
Evadné , par l'Amour aux flâmes condamnée ,
Sur un même bucher s'unit à Capanée.
La vertu même eft femme, & dans fes ornemens
Fait en Nimphe à nos yeux briller fes agrémens :
Qui ne fçut le pouvoir de fa beauté fuprême ?
Eft-il donc étonnant que tout l'univers l'aime ?
N'abandonnez jamais la trace de fes pas ,
Beautés ; vous lui devez vos plus puiffans appas :
Mais fur tout en public rendez-lui vos hommages ;
Que l'on en trace ailleurs les brillantes images.
Ma voix ne peut atteindre à ces hautes leçons ;
Les folâtres Amours rempliffent mes chanfons ;
Ma fcience fe borne à charmer une Belle ;
Tout mon but eft de vaincre une fierté rebelle.
    L'homme à fon inconftance attache un vain
      honneur ;
La femme dans fon choix fixe mieux fon bon-
     heur :

Nous même bien souvent la rendons criminelle;
Jason devoit brûler d'une flâme éternelle;
L'ingrat trahit Medée, & bravant son courroux,
Vint d'une autre à ses yeux se déclarer l'Epoux.
Seule en un lieu desert, aux Tigres exposée,
Ariadne appelloit le perfide Thesée;
Phillis a vainement parcouru les forêts,
Qui de sa fin cruelle ont marqué leurs regrets :
L'instrument de la mort que Didon s'est donnée
Fut le dernier présent de ce pieux Enée.
Dans leur source aujourd'hui découvrez vos mal-
    heurs ;
Un amour mal conduit a fait couler vos pleurs ;
Vous languiriez, beau Sexe, encor dans l'igno-
    rance ;
Sans mon Art, périssoit votre unique esperance;
Vénus qui m'apparut, m'ordonna l'autre jour
De vous instruire aussi des secrets de l'Amour.
» Quel crime a donc commis ma Troupe infor-
    tunée ?
» Dit-elle, est-ce par toi qu'elle est abandonnée ?
» Crois-moi, conduis plutôt l'un & l'autre Soldat,
» Egalement armé pour l'amoureux combat :
» Tu sçais qu'à mon parti t'attache un foible ex-
    trême ;
» Son malheur t'intéresse, & te perdra toi même.
» En volant au secours d'un si cher ennemi,

» Tu dois pour ton bonheur le changer en ami.

Elle dit : sur ses pas s'embellit la lumiere ;

Un doux calme succéde à ma frayeur premiere ;

De sa divinité je demeurai rempli,

Et son ordre à l'instant par moi fut accompli.

A mes leçons , beau Sexe, ouvrez un cœur docile ;

Vous en serez sans crime à nos vœux plus facile.

C'est Vénus qui m'inspire ; apprenez-en les loix,

Et prêtez une oreille attentive à ma voix.

Rappellez-vous souvent qu'un hyver plein de glace

Des plus beaux de vos jours viendra prendre la
place ;

Tandis que luit pour vous la saison des plaisirs,

Sans cesse apprenez d'elle à suivre vos desirs.

Vos jours s'écouleront, comme une eau fugitive ;

Le ruisseau dans son cours suit une pente active ;

Il ne reviendra plus sur ses pas désormais,

Et le moment qui passe est passé pour jamais.

Il n'est rien qui pour vous fixe un bien si volage :

L'Eté voit moins de fleurs que le Printems de
l'âge ;

Ces arbres dépouillés de tous leurs ornemens

Ont prêté sous leur ombre un azile aux Amans.

Vous , qu'un farouche orgueil rend maintenant
cruelles ,

Quel regret vous attend seules dans vos ruelles ?

Votre porte expofée aux amoureux complots
De tendres affiégeans ne craindra plus les flots.
Qu'en peu de jours, hélas ! le plus beau teint s'ef-
    face ,
Et le corps le mieux fait voit enlever de grace !
Ces cheveux, dont la treffe ont tant charmé nos
    fens ,
Sur un front filloné s'étendent blanchiffans :
Le Serpent dans fa peau dépouille fa vieilleffe ;
Le Cerf, quittant fon bois, retrouve fa jeuneffe.
Vos agrémens perdus font perdus pour toujours :
Cueillez-donc une fleur qui vit fi peu de jours ;
Sa beauté va périr, & tomber d'elle même ;
A fa fraicheur fuccede un air livide & blême.
Lucine éteint l'éclat des yeux les plus touchans ;
Trop de récolte épuife, & fait vieillir les champs.
Phœbé ne rougit point du Berger qu'elle adore ;
Et Céphale eft fans honte enlevé par l'Aurore ;
La fenfible Vénus pleure encore Adonis ;
Par leurs fimples penchans leurs cœurs fe font
    unis :
Mortelles, craignez-vous d'imiter les Déeffes ?
Ayez pour vos Amans d'auffi belles foibleffes.
La plus ample moiffon & des jeux & des ris,
Au champ qui les fait naître , ajoûte un nouveau
    prix.
Mais gardez-vous d'ouvrir la porte à la licence ;

Des vices effrénés je proscris l'insolence ;
Fidéles en public aux loix de la pudeur,
Contentez en secret une amoureuse ardeur.

C'est en ce lieu, beautés, que laissant la bar-
riere,
Ma main va des Amours vous ouvrir la carriere.
A vos premiers regards offrons l'enchantement,
Que fait naître l'éclat de votre ajustement.
Des guérêts négligés la récolte est moins riche,
Et Bacchus se plaît peu sur les Côteaux en friche.
Les appas naturels sont des présens des Dieux ;
Chacune croit jouir de ce bien précieux :
Combien n'ont pourtant pas ce qui les rend si
vaines !
D'autres beautés en vous sont les fruits de vos
peines.
Le soin de la parure enferme tous les traits :
Eussiez-vous de Vénus les plus brillans attraits :
Vous les perdrez bientôt sans ces soins salutaires,
Ils sont de ce qui plaît les vrais dépositaires.
Dans les temps reculés, les farouches humains
A s'embellir, dit-on, n'employoient point leurs
mains :
Rome, sortant jadis du sein de la poussiere,
Dans sa simplicité ne fut pas moins grossiere.
Qu'à ces temps vertueux on rende un vain hon-
neur ;

Des jours, où je fuis né, je connois le bonheur.
A mon tendre penchant ce fiécle eft plus conforme :
Que l'or pour nous fervir fe prête à toute forme ;
Qu'on tranfporte à fón gré plus d'un mont four-
　　cilleux ;
Que par l'Art foient taillés des marbres orgueilleux ;
Le faux prix de ces biens peut caufer de l'envie.
Moi, je fuis enchanté d'une plus douce vie :
J'aime à voir nos Romains plus riches, plus puif-
　　fans
Aux feuls Dieux des plaifirs prodiguer leur encens.

　　Le moins fuperbe éclat de deux pierres pareilles,
Suivant le gout du temps, doit parer vos oreilles ;
Que vos habits dans l'or ne foient point enchaffés ;
Voulant nous attirer, par là vous nous chaffez :
Plus charmante cent fois que la fiere opulence,
La propreté ravit mon cœur fans violence :
En défordre jamais ne montrez vos cheveux :
Sans la main qui les range, ils n'auroient point
　　nos vœux.
Il eft pour vous orner cent chofes différentes :
Les plus fimples fouvent font les plus apparentes.
Diftinguez avec foin ce qui vous fiéd le mieux ;
Et que votre miroir le confeille à vos yeux.

　　Les fuperbes tiffus, dont brille votre tête,
Vous fçavent de nos cœurs préparer la Conquête ;
Que du bon gout fur eux vous confultiez la voix,

Et que l'air du visage en marque l'heureux choix.
Quoiqu'elle soit pour vous un Tyran incommode ;
Empressez-vous toujours d'obéir à la mode.
Son caprice commande, & ses dernieres loix
Ont droit de vous guider dans vos galans exploits.
  Sous un air négligé, des graces naturelles,
Par leur voile enchanteur, font soupirer pour elles.
Leur simple arrangement a bien aussi son Art ;
Mais il faut qu'il paroisse un effet du hazard.
  Beautés, que la nature est pour vous favorable !
La perte de vos biens n'est pas irréparable.
Comme on voit emporter les feuilles par les vents ,
Nos cheveux font en proie aux ravages des ans :
La femme sçait changer l'ordre des destinées ;
De sa tête blanchie elle ôte les années ;
Elle sçait par des sucs rajeunir la couleur
De ces tristes débris qui causent sa douleur :
Elle sçait, l'or en main réparant ces dommages ,
Par des attraits menteurs arrêter nos hommages ;
Et fiere d'une tresse achetée à nos yeux,
Court d'un air Conquerant l'étaler en tous lieux.
Sur le goût des habits faut-il aussi m'étendre ?
Il est certaine étoffe, où l'on ne peut prétendre ;
Et la laine, que Tyr a fait rougir deux fois,
Ne doit jamais tenter votre superbe choix.
Belles, sans vous charger de robes précieuses ,
Cherchez à moindre prix des couleurs gracieuses ,

Quelle eſt votre fureur, dans vos dégouts altiers?
Peut-on porter ſur ſoi ſes revenus entiers?
La couleur, dont le Ciel nous offre la Peinture,
De ſon luſtre éclatant, orne en vous la nature.
Le verd que la Mer nomme a-t'il moins d'agré-
    ment?
Des Nimphes, je croirois, qu'il fait l'habillement.
Le coup d'œil du Safran ne plaît pas moins en-
    core;
C'eſt ſous ſes traits dorés que ſe montre l'Aurore,
Quand, pour ouvrir le jour dans les champs étoi-
    lés,
Elle mene à pas lents ſes Courſiers attelés.
La douceur que l'on prend à la roſe éclatante,
Offre à tous les regards un charme qui les tente:
Les Prés ſont au Printems vêtus de moins de fleurs,
Qu'il n'eſt pour vous orner de brillantes couleurs.
Sans donner au hazard, fuyant la fantaiſie;
Que celle qui vous ſiéd ſoit conſtamment choiſie.
Telle qui de la blonde anime les attraits,
De la brune obſcurcit les plus aimables traits.
  Que de vous l'odorat n'ait jamais à ſe plaindre;
Beau Sexe, votre abord ne doit pas être à crain-
    dre.
Que d'un poil hériſſé la trop rude épaiſſeur
De votre peau jamais n'altére la douceur.
Mes leçons ne ſont pas pour la femme ruſtique

Qui

Qui vit fur le Caucafe, ou qui boit le Caïque.
 Dans de certains détails m'eft-il permis d'en-
  trer ?
Un front qui n'eft point net ofe-t'il fe montrer ?
Sans honte fur fes dents une aimable Maitreffe
Peut-elle laiffer voir des marques de pareffe ?
Dans un fard fecourable on trouve la blancheur ;
Le Carmin joint aux lys une vive fraicheur ;
Mais qu'une main avare en regle le mélange.
Le fourcil en deux arcs artiftement s'arrange.
Que ces mouches fans vie ont de vivacité !
Par leur noir aiguillon l'Amour eft excité ;
Ces petits affaffins arment la beauté même ;
Et leur air agaçant dit : *je veux que l'on m'aime.*
 Gardez-vous d'expofer aux regards des Amans
Les rebutans apprêts de vos faux agrémens ;
Quoique de leur menfonge on approuve l'ufage,
En peut-on fans dégout voir plâtrer un vifage ?
Ce fpectacle déplaît, & nous n'aimons pas mieux
Voir allonger des dents que l'on frote à nos yeux.
Ces foins du tendre Amour relevent la puiffance ;
Mais il faut prudemment en voiler l'indécence.
Dans le fard naturel que prefente un ruiffeau
La mere des Amours cherche un éclat nouveau.
Lorfque nous vous croyons dans les bras de Mor-
  phée ,
Travaillez à vous faire un amoureux Trophée ;

Aux hommes il eft bon d'en cacher les fecrets :
Dérobez vos défauts à leurs yeux indifcrets.
N'eft-ce donc pas affez que je vous trouve Belle,
Sans repaître mes yeux, de ce qui vous rend
    telle ?
Cherchez ce qui nous plaît ; n'allez pas dédaigner
De donner devant nous vos cheveux à peigner ;
J'aime à les voir flotter fur une gorge aimable :
Jamais dans ces momens d'emportement blama-
    ble ;
Sous des coups odieux ne faites point trembler
Une main peu fidele à les bien affembler.
Si la tête n'a rien qui nous foit agréable,
On ne doit point admettre un témoin redoutable.
Une femme furprife un jour ne put cacher
Des cheveux étrangers que je vis attacher ;
O Dieux, quel embarras, & quelle fut fa honte !
J'eus beau la foulager par une fuite prompte,
La faute étoit commife ; il n'eft, je crois, permis
De faire un tel affront qu'à fes feuls ennemis.
La parfaite beauté triomphe à fa toilette ;
Mais elle feule y trouve une gloire complette.
Je n'ai point à former ces Nimphes, dont le nom
Allarmoit autrefois la jaloufe Junon ;
Ni celle qu'un Epoux a tant redemandé,
Et que fon raviffeur a conftamment gardé.
J'inftruis la femme aimable, & la laide à la fois :

L'une bien plus que l'autre implore ici ma voix.
Les Belles ont fans Art ce qui nous charme en
    elles ;
Mais le grand nombre auffi n'eft point celui des
    Belles ;
Et celles qui le font, ne font pas fans défauts :
De ce qu'on croit parfait, cachez les endroits faux.
Qu'une femme trop grande abaiffe fa coeffure,
Et s'accourciffe encor par une humble chauffure.
Si la hauteur vous manque, il eft d'autres détours ;
Pour nous en impofer, élevez vos atours ;
Et vous affeoir fouvent eft une loi précife,
De peur qu'étant débout on ne vous croie affife.
Un peu trop d'embonpoint femble offufquer nos
    yeux ?
L'ajuftement ferré le rendra gracieux.
Celle dont on reprend la taille trop légere,
Doit chercher dans fa robe une enflure étrangere.
L'Art en mille façons vous offre fon fecours,
Pour plaire davantage, à tout ayez recours.
    La plus aimable femme eft triftement changée,
Quand fon ris nous découvre une dent mal rangée :
La langueur en revolte, ainfi que la noirceur,
Et chaque homme en devient l'implacable cenfeur.
Qui l'auroit jamais cru ? venez apprendre à rire :
Par des charmes fecrets certain ris nous attire.
Evitez ces grands plis & ces vuides affreux

Que les ris déreglés sillonnent avec eux.
Par la lévre toujours que la dent ombragée
Montre la bouche en deux foiblement partagée ;
Ne vous répandez pas en de bruyans éclats ;
Des rieuses sans fin nous sommes bientôt las.
Un son doux & léger doit distinguer la femme ;
Des sots ricannements la grimace est infame :
L'une semble pleurer ; & l'autre dans ses sons
Du chantre d'Arcadie imite les chansons.
    Que ne peut l'Art ? il montre à pleurer avec
        grace ,
Et des cœurs les plus durs il fond ainsi la glace.
En coulant à propos, des pleurs obéïssans
Sçavent tout attendrir, & regnent sur les sens.
    La langue quelquefois en badinant grassaie,
Ou d'un air délicat heureusement bégaie.
Telle affectation n'est pas sans agrément ;
Vous plairiez moins peut-être, en parlant simple-
        ment ;
Mais fuyez ce défaut, à moins qu'il ne vous serve,
Et même en l'adoptant ayez quelque réserve.
    La démarche sur tout a dequoi nous toucher ;
En femme de bon air apprenez à marcher ;
Lorsque de ce merite une femme est pourvûe ,
Elle enleve les cœurs dès la premiere vue ;
Dans sa robe flottante , appellant les Zephirs ,
Elle y semble avec eux renfermer nos desirs.

Marchant en héroïne, où la gloire la mene,
L'une éleve son pas, fiérement se promene :
L'autre a peine à former le moindre mouvement,
Son corps est avec Art porté nonchalamment ;
L'autre précipitant son allure grossiere
S'annonce avec grand bruit, fait voler la pous-
  siere.
Dans tous les mouvemens il est certain milieu ;
Tant de hauteur, je crois, n'est pas là dans son
  lieu ;
La molesse est choquante, & la dureté blesse ;
Cherchez dans la nature un port plein de noblesse.
 De l'épaule & du sein découvrez-nous les lys ;
Vos droits par eux sur nous en sont mieux établis.
Vous, de qui la blancheur est l'éclatant partage,
Gardez-vous d'oublier ce nouvel avantage ;
L'aspect de tant d'appas venant à m'embraser,
Je voudrois sur leur neige appliquer un baiser.
 Autant que la beauté, la voix est applaudie,
Et très-souvent l'Amour naît de la mélodie.
Les Sirenes jadis, sur la face des eaux,
Aux charmes de leur voix, enchaînoient les Vais-
  seaux.
Par leurs tendres accens ravi, hors de lui même,
Ulisse étoit perdu, sans l'heureux stratagême
Qui de ses compagnons faisant autant de sourds,
De leur foible raison conserva le secours.

Que le beau Sexe au Chant s'applique dès l'en-
    fance,
Contre une voix charmante il n'eſt point de dé-
    fenſe ;
Sa douceur ſaiſit l'ame, & ſes ſeuls agrémens
Ont ſouvent ſçu fixer de volages Amans.
Rappellez-nous tantôt la pompeuſe harmonie
De ces Airs éclatans qu'enfante Polimnie ;
Tantôt de ces couplets qui volent en naiſſant
Lancez d'un ton badin le trait divertiſſant.
    Au ſon des inſtrumens, quand votre main les
      touche,
Eſt-il pour réſiſter quelque ame aſſez farouche ?
Par l'oreille conduits juſqu'au fond de nos cœurs,
De ſi charmans accords s'en rendent les Vain-
    queurs.
Les Lions & les Ours, au pied du Mont Riphée,
S'attendriſſoient aux chants que ſoupiroit Orphée.
Il trainoit après lui les rochers & les bois,
L'enfer lui vit forcer ſes infléxibles loix.
Cerbere en le flattant s'abaiſſa pour l'entendre,
Et Pluton fut touché d'une plainte ſi tendre.
Aux accords d'Apollon on vit de toutes parts
Des pierres s'aſſembler, & former des remparts.
Du Dauphin attentif la prompte obéïſſance
De la voix d'Arion a montré la puiſſance.
    Par la lecture enfin cultivant vos eſprits,

Des poëtes fameux diftinguez les écrits.
C'eft dans leur docte chant que le bon gout réfide,
Et qu'avec dignité l'Amour galant préfide.
N'élevez point trop haut vos débiles clartés ;
Que les graves Auteurs foient de vous écartés.
Parmi les noms chéris, le mien peut-il paroître ?
Prêtez, dira quelqu'un, l'oreille à notre Maître :
C'eft lui qui de l'Amour vient nous dicter les loix,
Parcourez le récit de mes galans exploits ;
Récitez tendrement ces épitres charmantes,
Où d'un ftile nouveau s'expriment les Amantes.
Mufes, pour ces faveurs dois-je à vous m'adreffer ?
Non, non, Vénus ici peut feule m'éxaucer.
   Dans un Ballet galant j'aime à voir fur vos traces
Légérement voler les Amours & les Graces ;
Quand Bacchus difparoît à la fin du repas,
La danfe en tout leur jour fait briller vos appas.
Le bon air qu'elle donne à la jeune-Romaine
Sçait de l'Amour fur nous étendre le domaine.
   Ouvrez ici vos cœurs à mes preffans avis ;
Cupidon les veut voir éxactement fuivis.
Ne fuyez point du jeu l'amufement aimable,
C'eft le lien chéri d'un commerce agréable.
Il chaffe des ennuis l'indolente langueur,
Et du jour le plus vuide abrége la longueur :
Quand on fçait s'y conduire avec certaine adreffe,

C'eſt ſouvent un chemin qui mene à la tendreſſe.
La ſcience du jeu vous coûtera le moins ;
Vous poſſeder vous même, eſt le plus grand des
 ſoins.
Vrai théâtre, où bientôt ſur la ſcene qui s'ouvre,
Aux yeux des Spectateurs, notre ame ſe découvre :
De l'ardente colere éclatent les horreurs,
Et de l'amour du gain les ſordides fureurs.
On chicanne, on querelle, on en vient aux in-
 jures :
Que d'imprécations, de ſermens, de parjures !
L'air retentit au loin des plaintes & des cris :
Les Acteurs pleins de rage y ſemblent des proſ-
 crits :
En cet affreux état quel objet peut nous plaire ?
De ces tranſports fougueux la haine eſt le ſalaire.
Ces heureux paſſe temps, chers enfans du plaiſir,
Ne doivent occuper qu'un innocent loiſir.
 Pendant ces jours ſerains, que Flore nous ra-
 mene,
Quand ſous les arbres verds tout Rome ſe pro-
 mene ;
Dans les jardins publics, Belles, portez vos pas :
Pour les voir admirer, déployez vos appas :
Ce qui n'eſt point connu, n'excite aucune envie ;
Tout ce qui vit caché, pour le monde eſt ſans
 vie ;

La beauté fans témoins ceffe d'être beauté :
Enfevelir la vôtre, c'eft une cruauté.
Quand Orphée à vos fons céderoit la victoire,
Si votre luth fe tait, que devient votre gloire ?
Sans le pinceau d'Apelle, adorable Vénus,
Tes attraits fous les eaux languiroient inconnus.
Quel fruit efpere-t'on cueillir fur le Parnaffe ?
Un peu de renommée eft tout ce qu'on amaffe.
Homere vivroit-il, s'il n'eût par ces beaux vers
De rayons immortels éclairé l'univers ?
Danaë feroit-elle aujourd'hui fi connuë,
Sans l'éclat précieux de fa fameufe nuë ?
Sa beauté négligée, en fe cachant au jour,
Au milieu des regrets, eut vieilli dans fa tour ?
Beau Sexe, quittez donc, pour vous rendre vifible,
De vos appartemens l'obfcurité nuifible.
L'Aigle, en les pourfuivant, fait la guerre aux
    Oifeaux ;
L'Hameçon va chercher le Poiffon fous les eaux.
Vos armes contre nous font-elles préparées ?
Sortez, & vous montrez pompeufement parées :
Vous perdrez rarement le fruit de vos apprêts ;
Le hazard conduira quelqu'Amant dans vos rêts.
Que le defir de plaire en tous lieux vous attire ;
Où l'on ne la croit point, la Perdrix fe retire.
Pour que le Cerf s'éleve à leurs bruians abois,
Sans fe laffer les Chiens font retentir les bois.

Sur un roc enchaînée eût-on cru qu'Andromede
A des maux si preſſans pût trouver du remede.
   Payez d'un fier dédain la froide paſſion
De ces fades galans, beaux de profeſſion,
Qui font de leurs cheveux d'orgueilleux étalages,
Qui, plus femmes que vous, font auſſi plus vo-
    lages.
Ils ne veulent dans l'ame, en vous offrant leurs
    ſoins,
Que de leur faux mérite augmenter les témoins ;
Et certains de trouver des palmes toujours prêtes,
Ne cherchent qu'à vous voir au rang de leurs Con-
    quêtes ;·
Malgré tout le clinquant de ces vains enchanteurs,
Fuyez avec mépris leurs complimens flatteurs.
   O fille de Minos, que votre ame abuſée
Craigne l'appas trompeur des ſermens de Theſée.
Vainement devant vous atteſte-t'il les Dieux :
Ses parjures ailleurs le rendent odieux.
Des mêmes trahiſons Démophoon coupable
A tiſſu de Phillis le deſtin déplorable.
Avez-vous éprouvé ſon tendre empreſſement ?
Qu'un Amant par degré vienne à l'heureux mo-
    ment.
   Quand vos juſtes ſoupçons accuſent un volage,
A ſe juſtifier qu'une lettre l'engage ;
Par le ton qu'il prendra, vous verrez aiſément

S'il feint, ou si son cœur est touché vivement ;
Tardez à lui répondre ; une légere attente
Pique plus nos desirs pour le bien qui nous tente.
　　Gardez-vous de vous rendre avec facilité ;
N'ayez dans vos refus aucune dureté ;
Qu'il espere, & qu'il craigne, en écoutant sa
　　　　plainte,
L'esperance prendra le dessus de la crainte.
　　Ecrivez d'un air simple, & qu'un tour élégant
Bannisse des grands mots l'éclat trop arrogant.
Il est pour vos discours des beautés naturelles ;
Ne cherchez en parlant, à plaire que par elles.
Quand un Amant ne peut entendre vos secrets,
Quelle honte pour lui ! quels sensibles regrets !
D'un langage grossier la laideur est énorme,
Et du plus doux objet rend la beauté difforme.
　　Fidéles en public aux loix de la pudeur,
Cachez à tous les yeux les fruits de votre ardeur ;
Que d'un esclave adroit le prudent ministere
De vos billets rendus couvre bien le mistere.
Ne confiez jamais ces gages précieux
Aux indiscretes mains d'un jeune audacieux.
Ce qu'il peut contre vous fait votre inquiétude ;
Un danger si pressant vous tient en servitude.
J'ai vû plus d'une Amante en proie à ces terreurs
Du plus affreux état éprouver les horreurs.
Craignez un tel Amant ; quelqu'égard qui l'arrête,

La foudre eſt en ſes mains à tomber toujours prête.
Par les plus ſages loix, il fut toujours permis
De s'armer à ſon tour contre ſes ennemis.
Pour couvrir vos ſecrets la ruſe eſt néceſſaire ;
Changez les traits connus de votre caractere :
De l'Amante quittant le rôle dangereux,
En Amant, tracez-lui vos troubles amoureux;
Sous ce déguiſement l'Amour n'eſt pas moins
    tendre,
Et nul autre que lui ne ſçauroit vous entendre :
Vous lui pouvez tout dire, & votre paſſion
A moins à redouter ſon indiſcretion.
Il eſt temps de voler par des routes nouvelles,
Et qu'un plus noble effort vienne élever nos aîles.
Le ſolide agrément fuit les aigres humeurs ;
Pour fixer les Amours, il faut de douces mœurs.
L'homme eſt fait pour la paix, & la paix doit lui
    plaire ;
C'eſt aux Ours que convient la farouche colere :
Elle fait bouillonner notre ſang furieux,
Et d'un feu menaçant étinceler nos yeux.
En voyant la fureur ſur ſon viſage empreinte,
Fui de moi, dit Pallas, & porte ailleurs la crainte.
Si vous pouviez vous voir dans vos fougueux tranſ-
    ports,
A peine de vos ſens croiriez-vous les rapports.
    Un inſolent orgueil en d'autres maux entraîne;

L'Amour à la douceur doit sa plus belle chaîne.
Sous vos muets dédains expire mon ardeur ;
Et ma haine est le prix de vos airs de grandeur.
Regardez tendrement celui qui vous admire ;
Payez, qui vous sourit, d'un gracieux sourire.
Que les plus fins coups d'œil soient de vous en-
    tendus ,
Et par d'aussi flatteurs dans le moment rendus.
En préludant ainsi, des moindres de ses fléches
L'Amour d'un trait plus fort, fait bientôt d'autres
    bréches.

    D'une triste beauté l'indolente rigueur
Ne sçauroit inspirer qu'une morne langueur :
Ajax à pû trouver sa Tecmesse touchante ;
Mais la gayeté nous plaît, & son feu nous en-
    chante.
Andromaque , Tecmesse , en vain m'aimeriez-vous :
Je n'envierai jamais le sort de vos époux.
Qu'on ait chez vous cueilli les fruits de la victoire,
Sans vos enfans témoins , je ne le pourrois croire.
Votre air froid usoit-il de ces mots agaçans ,
Dont le charme secret enflâme tous nos sens.

    Attachez-vous , beau Sexe , à des regles certai-
    nes ;
Pour modéles , prenez les sages Capitaines ,
Qui chargeant l'un du soin d'un Bataillon nom-
    breux ,

Font obéir à l'autre un Efcadron poudreux ;
Un autre des Drapeaux obtient d'eux la défenfe ;
De nos talens ainfi marquez la différence.
Que les ardeurs du riche en préfens fe déploient ;
Que pour vous les écrits de l'Orateur s'emploient ;
Nous, qui faifons des vers, n'offrons que nos tra-
     vaux ;
Leur prix doit effacer l'éclat de nos rivaux :
Nos paifibles lauriers des Belles font la gloire ;
C'eft nous qui les plaçons au Temple de Mémoire.
Nemezis & Cinthie ont des noms affez beaux ;
Licoris ne craint plus l'horreur des froids tom-
     beaux ;
Tout l'univers eft plein de leur beauté divine ;
Mon Amour n'a pas moins célébré ma Corine.
En conduifant nos pas loin des chemins battus,
Notre Art fçait nous ouvrir le fentier des vertus.
Chez nous la foif de l'or ne fait point de ravage,
Et de l'ambition nous fuyons l'efclavage ;
Sous les ombrages verds, dans les fecrets réduits,
Coulent innocemment & nos jours & nos nuits :
Les Dames trouvent peu de fujets plus fidéles,
Le plus parfait bonheur n'eft pour nous qu'auprès
     d'elles.
Comblez de vos faveurs ces mortels généreux ;
Beau Sexe, votre nom ne vivra que par eux :
Un Dieu réfide en nous, tout en nous eft fublime :

C'eſt du Ciel que nous vient l'eſprit qui nous anime ;
Exiger notre argent, ſentiroit la fureur,
Ce crime à vos beautés, hélas, fait peu d'horreur ;
Avec nous, croyez-moi, montrez-vous moins
     avides,
Et ceſſez d'attaquer des bourſes toujours vuides.
   Le Courſier peu réduit, ſur l'Arêne amené,
Eſt par une main ſage autrement gouverné,
Que le cheval formé dès long-temps au Manége ;
Différemment ainſi conduiſez dans le piége
Un eſprit dejà mûr que conduit la raiſon,
Et celui qu'éguillonne une verte ſaiſon.
Un Amant enivré de ſa naiſſante joie,
Qui jeune encor pour vous eſt une tendre proie,
Doit marcher ſur vos pas à vous ſeule attaché,
Que ce ſoit un tréſor ſoigneuſement caché.
Si l'éclat de ſa flâme un peu trop loin s'éleve,
Craignez qu'une rivale à vos yeux ne l'enleve.
Un Sceptre entre deux Rois ne peut ſe partager ;
Un cœur à deux objets ne ſçauroit s'engager ;
Le vieux Soldat plus ſage eſt armé de conſtance ;
A vos ordres jamais il ne fait réſiſtance,
Il n'entreprendra point de forcer vos verroux,
Un reſpect éternel retiendra ſon couroux :
Dans les brûlans accès d'une amoureuſe rage,
Ses deſirs rebutés ne vont point à l'outrage.
La bouillante jeuneſſe en de certains momens

Peut feule fe livrer à fes emportemens :
Avec tranquillité recevant fa bleffure,
Le premier eft pour vous une conquête fûre ;
Comme un bois encor verd, il brule d'un feu lent :
La fougue du fecond n'a qu'un cours violent.
L'un plus conftant chérit la chaine qui l'arrête ;
L'autre, en formant fes nœuds, à les rompre
    s'apprête :
Mais un plaifir plus vif & plus fécond le fuit :
Saififfez dans fon vol un bonheur qui s'enfuit.

    Il n'eft rien contre nous que ma voix ne révele ;
Dans ma fincerité reconnoiffez mon zéle :
La faveur que nos vœux obtiennent aifément,
Pour foutenir l'Amour, eft un foible aliment.
Quelquefois dans ces jeux, où notre ame eft ravie,
Par d'engageans refus ranimez-en l'envie.
Qu'on crie à votre porte, en y perdant fes pas,
Porte cruelle, enfin ne t'ouvriras-tu pas ?
Qu'à vos genoux, tantôt on vous demande grace ;
Que tantôt le dépit s'emporte à la menace.
Dans le trop de douceur, notre goût épuifé
Par un peu d'amertume eft fouvent aiguifé.
Sur la Mer des faveurs que trouble peu l'orage,
Le Vaiffeau de l'Amour fous fon poids fait nau-
    frage.
C'eft ainfi qu'entre Epoux trop de facilité
Amene en peu de temps l'infenfibilité.

Dans

Dans un bien défendu brille un nouveau mérite ;
Et pour lui notre ardeur plus vivement s'irrite.
Quand le tranchant du fer ne coupe qu'à demi,
Il vaut mieux de la pointe attaquer l'ennemi.
Je ſçai que contre moi je vais donner des armes,
Beau Sexe, & mes avis me coûteront des larmes.
Tant qu'un nouvel Amant peut fuir de vos filets,
Qu'il penſe être le ſeul qui borne vos ſouhaits :
Que d'un rival aimé dans la ſuite il ſoupire :
L'Amour ſans ce remede en peu de temps expire.
Malgré ſa noble ardeur, ſe plus fier des chevaux
S'engourdit ſur le Pré, s'il ne voit des rivaux.
C'eſt ſouvent le dépit qui ſerre notre chaine :
Mon feu, je l'avouerai, ne vit que dans la peine ;
Dans un doute flottant ſuſpendez ſa douleur ;
Que ſans trop le connoître, il craigne ſon mal-
    heur.
Que d'un faux ſurveillant le ſoin fâcheux le trou-
    ble,
Et d'un mari jaloux la vaine peur rédouble.
Un tranquile plaiſir nous touche beaucoup moins ;
Feignez de redouter de dangereux témoins.
Vous pourriez près de vous l'admettre ſans con-
    trainte :
Qu'un paſſage ſecret ſoit ouvert à ſa crainte ;
Peignez-lui vos frayeurs, d'une tremblante voix :
Qu'une Eſclave ruſée accourt une autre fois,

G

Et dife toute en pleurs : ah, nous voilà perdues ?
Cachons-le promptement, & fuyons éperdues :
Mais revenant bientôt le trouver en fecret,
Qu'il oublie en vos bras fa crainte & fon regret.

Pleine d'un faint refpect pour un Epoux fidele,
Une Epoufe lui doit une foi mutuelle ;
La Loi l'ordonne ainfi ; la pudeur, le devoir
Lui font d'un joug facré fentir tout le pouvoir.
Mais, vous, que le defir d'une jufte vangeance
Semble avoir affranchi de cette dépendance,
Vous, qui devez punir leurs noires trahifons,
Cherchez de vos Tirans à forcer les prifons.
Mon fecours vous attend : de moi venez apprendre
Par quels heureux détours vous pourrez les fur-
        prendre.
Que les yeux d'un Argus foient attachez fur vous ;
Dès que vous le voudrez, vous les tromperez tous.
Dans de certains momens, où chacun fe retire,
Un furveillant peut-il vous empêcher d'écrire ?
Pour rendre vos billets, combien de Meffagers,
Dont le zéle intriguant brave tous les dangers ?
Formez d'un trait nouveau des traces invifibles,
Que le charbon broyé fçaura rendre lifibles.
Il eft mille moyens de fafciner les yeux,
Qu'inventera pour vous l'amour ingénieux.
Acrifius en vain voulut cacher fa fille ;
Elle fçut augmenter malgré lui fa famille.

Mais pourquoi tant de soin, tandis que librement
Dans les jardins publics on peut voir un Amant?
Lorsqu'au Temple d'Isis vous vous montrez ornée,
Votre ferveur est-elle à vos saints vœux bornée?
Quand la bonne Déesse, en ses sombres réduits,
Loin des prophanes yeux, vous occupe les nuits,
Dans cette obscurité n'est-il nul privilége?
L'Amour en s'y glissant devient-il sacrilége?

Que l'esclave chez vous, comblé de vos bontés,
Suive pour toutes loix vos seules volontés.
Lorsque l'argent peut tout sur ces ames serviles,
D'autres leçons ici vous seroient inutiles.
Notre offrande adoucit les hommes & les Dieux;
Par elle Jupiter s'appaise dans les Cieux.
Les cœurs de vos Argus ne sont pas indomptables;
Vos libéralités les rendront plus traitables;
Et leur langue captive & leurs yeux endormis
Trahiront d'un jaloux les ordres ennemis.
Je me souviens qu'ailleurs, développant leurs fein-
      tes,
Contre les faux amis j'ai fait tourner mes plaintes.
Ce mal ne corrompt pas les hommes seulement.
Si la crédulité vous mene aveuglement,
Des plaisirs étrangers succéderont aux vôtres,
Et par vous le Chevreuil sera lancé pour d'autres.
Celle dont l'amitié, commode à vos desirs,
Accorde un doux azile à vos secrets plaisirs,

Fait souvent avec vous un nuisible partage,
Et des premiers combats peut saisir l'avantage.

Une jeune Suivante, étalant trop d'appas,
En aucun lieu ne doit accompagner vos pas.
Elle vous nuit toujours ; telle esclave traitresse
Après elle souvent fait marcher sa Maitresse.

Mais que dis-je ? & pourquoi nous même nous
trahir,
Devons-nous dévoiler ce qui nous fait haïr.
Quand de ses ennemis la ruse le délivre,
Le Cerf va-t'il aux Chiens apprendre à le pour-
suivre ?
Je vous fournis des traits pour nous percer le sein :
N'importe, jusqu'au bout, suivons notre dessein.
Assurez-nous toujours, que l'amour dans votre ame
A pour nous allumé la plus fidele flâme ;
Notre crédulité n'a que trop de penchant,
A suivre les erreurs d'un espoir si touchant.
D'un air d'impatience, avec un regard tendre,
Recevez un Amant qui s'est fait trop attendre :
Demandez-lui, d'où vient tant de retardement :
Pleurez, & soupirez alors profondement.
Sur un crime inventé redoublez vos reproches ;
Que de votre colere il craigne les approches.
Touché de votre peine, & sûr de votre foi,
Oui, ce cœur, dira-t'il, ne brûle que pour moi.
Il vous trahit ; sans trouble, apprenez son injure ;

Ne vous défolez point, en le voyant parjure ;
Les bruits, que vous croyez, fe trouvent fouvent
    faux,
Et comme fit Procris, ne comblez point vos maux.
  Au pied du Mont Hymete, une claire fontaine
Sur un tapis de fleurs ferpente dans la plaine ;
On n'y voit point ces bois qui peuplent les forêts ;
Mille Arbriffeaux fleuris ornent ces lieux fecrets :
Le Mirthe, le Laurier, le Romarin fauvage
De diverfes odeurs parfument le rivage.
Charmés de ces bofquets les folâtres zéphirs
Les careffent du vent de leurs tendres foupirs :
C'eft-là que la fraicheur établit fa retraite ;
Là, fouvent fatigué d'une pénible traite,
Seul, en laiffant au loin l'attirail d'un chaffeur,
Céphale du repos vient gouter la douceur.
D'abord il y chantoit : defcendez, Aure aimable ;
Venez me foulager de l'ardeur qui m'accable.
Un Berger qui l'entend, plein d'un zéle indifcret,
Va redire à Procris cet entretien fecret.
Cette Amante auffitôt croit voir une rivale
Se rendre dans les bras du perfide Céphale :
Dans fon cœur agité fe répand la douleur ;
La crainte lui ravit la force & la chaleur.
Telle voit-on languir une branche coupée ;
Ou telle eft une fleur que la grêle a frappée.
La colere bientôt rappellant fes efprits,

G iij

Elle meurtrit son sein, remplit l'air de ses cris ;
Court comme une Bacchante, au milieu des Cam-
      pagnes ,
Et sur un vain prétexte éloigne ses Compagnes ;
Dans ces bois, à travers les Arbrisseaux touffus,
Sa jalouse fureur porte ses pas confus.

    A quel dessein, dis-moi, te cacher, insensée ?
Qu'esperes-tu, Procris, & quelle est ta pensée ?
Tu crois voir arriver cet objet odieux ,
Et que de ses forfaits tu repaîtras tes yeux.
L'Amour mal assuré tient ton ame flottante :
Tu souhaites, tu crains ce qui fait ton attente ;
Le nom , le lieu, l'avis augmentent ton tourment ;
L'esprit à ce qu'il craint s'attache aveuglément.
Voyant l'herbe foulée, elle n'a plus de doute :
La rage offre à ses yeux les maux qu'elle redoute.
Dejà l'Astre du jour dans sa plus grande ardeur
Des ombres à nos yeux resséroit la grandeur :
De retour de la chasse enfin Céphale arrive ,
Et pour boire à longs traits se courbe sur la rive.
Tu te caches, Procris, aux yeux de ton Amant ;
Sur l'herbe tu le vois se coucher mollement.
Agréables Zéphirs, & vous, Aure charmante ,
Venez, dit-il, calmer le feu qui me tourmente.
A ces noms seuls Procris, découvrant son erreur,
Sent dissiper son trouble, & bannir sa terreur :
Pour embrasser Céphale , elle se précipite ,

Et force un bois épais qu'à grand bruit elle agite.
Telle fuit une Biche, & bondit en partant :
Le Chasseur prend son Arc, & l'ajuste à l'instant;
Dans sa main par hazard une fléche étoit prête :
Que fais-tu malheureux ? retien ce trait, arrête,
Ce n'est point une Biche ; il est dejà lancé :
Mais quel objet, grands Dieux, ta fléche a ter-
    rassé ?
C'est ta chere Procris. Hélas, s'écria-t'elle,
Ta main perce le cœur d'une Amante fidéle :
Ce cœur qui fut toujours trop blessé de tes coups ;
Je meurs avant le temps : mais du moins il m'est
    doux,
En mourant de ta main, de mourir sans rivale,
D'emporter au tombeau tout l'Amour de Céphale :
Je meurs, vien cher Amant, vien me fermer
    les yeux,
Vien, & reçois mon ame en ces derniers adieux.
Il serre tendrement sa Maitresse mourante,
Il soutient sur son sein sa tête chancelante :
Dès qu'il voit sa blessure, ô mortelles douleurs !
Qu'ai-je fait, cria-t'il la baignant de ses pleurs ?
Elle tombe à ces mots, dans ses bras elle expire;
Et son ame se mêle avec l'air qu'il respire.

Reprenons notre route, & que les vents amis
Nous conduisent au Port à nos désirs promis.
Peut-être attendez-vous qu'au festin je vous mene,

Et que mon Art vous regle en cette aimable scene.
Venez tard, & brillante arrivez aux flambeaux ;
L'attente ajoûte un prix aux objets les plus beaux.
La nuit anime encor la beauté la plus vive,
Et voile ses défauts aux regards du convive :
A table dans votre air tout doit être engageant ;
La grace qui vous suit peut briller en mangeant :
Qu'en tous vos mouvemens la propreté paroisse.
Qu'avidement jamais l'appetit ne vous presse.
Paris auroit d'Helene été moins enchanté,
Si ce défaut grossier eût terni sa beauté.

Dans les bras de Bacchus vous attend la victoire ;
Son jus du tendre Amour vous assure la gloire ;
La mesure du vin se conforme aux sujets,
Et jamais il ne doit vous doubler les objets.
Dans des excès honteux la femme ensevelie
Ne peut être plus bas à nos yeux avilie ;
Elle se trouve en proie aux insolentes mains,
Et devient le rebut du dernier des humains :
Fuyez l'indigne honneur de tomber sous la table,
Des débauchés fameux triomphe détestable.

J'aurois honte plus loin d'étendre mes leçons :
Tes vains ménagemens sont de froides chansons,
Me dit Cypris, pour moi ranime ton courage,
L'ouvrage qui fait honte est mon plus bel ouvrage.
Chacune doit sçavoir quels sont ses agrémens,
Et par eux exciter de tendres mouvemens :

Il eſt, pour vous montrer, une heureuſe attitude ;
La Mere des plaiſirs vous en preſcrit l'étude.
Vous, que ſa main para de ſes plus doux attraits,
En face à l'ennemi faites ſentir vos traits ;
Celle dont la beauté ne fait point le partage,
En ſe découvrant moins, n'a que plus d'avantage.
Quand Lucine a ſur vous trop imprimé ſes pas,
En Parthe ſoutenez l'honneur de vos appas ;
Les coups, qui de côté ſignalent votre adreſſe,
Coûteront moins d'efforts à l'ardeur qui vous preſſe ;
Il eſt mille façons d'animer vos plaiſirs,
Mais mieux que moi, l'Amour inſtruira vos deſirs.

Si cet Art, que m'apprit ma longue expérience,
Fut jamais honoré de votre confiance,
Venez avec ardeur l'écouter aujourd'hui ;
Les oracles fameux ſont moins certains que lui.
Que dans vos doux combats volent des traits
de flâmes ;
Faites-les égarer juſqu'au fond de vos ames.
La même volupté, dans ces heureux inſtans,
Doit verſer ſon ardeur ſur les deux combattans.
Formez un doux murmure, & qu'une voix tou-
chante
Ranime les tranſports de l'Amant qu'elle enchante ;
Vivement redoublez vos aſſauts careſſans,
Et melez à vos yeux certains mots agaçans.
Malheureuſe la femme, en qui triſte & confuſe

La nature au plaisir lâchement se refuse.
Quelquefois le dégoût rallentit votre ardeur ;
De ces tristes momens déguisez la froideur.
Le trouble de vos yeux peut feindre des délices ;
Inventez, s'il le faut, les plus tendres malices ;
Exhalez votre joie en vos propos flatteurs ;
Hors d'haleine poussez des soupirs imposteurs.
Ah, que la bouche alors a de puissantes armes !
Que ma voix, si j'osois, y dépeindroit de charmes !
Après de tels plaisirs, en éxiger le prix,
C'est se rendre l'objet du plus juste mépris :
Ne vous souillez jamais par de telles bassesses.

Quand vous égaleriez en beauté les Déesses,
De votre appartement écartez le grand jour ;
Cupidon vous sert mieux dans un sombre séjour :
Vous brillerez assez, quoiqu'à demi voilées ;
Bien des choses en vous veulent être célées.

Ma carriere est remplie, & l'heureux Univers
Va sans cesse applaudir au succès de mes Vers.
Que le jeune homme ici vous serve de modéle ;
Jeune fille, à présent mon éleve fidéle,
Comme lui publiez : *dans mes tendres Amours,*
Ovide fut mon Maître, & le sera toujours.

Fin du Chant Troisiéme.

LE REMEDE D'AMOUR

CHANT PREMIER.

’AMOUR voyant mon Livre au
    seul titre s’arrête :
Contre moi, me dit-il, je vois ce qui
    s’apprête.
Pourrois-je Dieu charmant, conspirer contre toi ?
Mes services paſſés ſont garans de ma foi.
Quoi, ſuis-je Diomede ? ai-je, en bleſſant ta Mere,
Fait juſques dans l’Olimpe, ouïr ſa plainte amere.
Quand enfin d’autres cœurs ſont à peine effleurés,
Tu ne portes au mien que des coups aſſurés.
Amour, j’aimai toûjours : & dans ce moment même,
Si tu le veux ſçavoir, je te dirai que j’aime.
N’ai-je pas enſeigné, par quel Art les Mortels,

D'un agréable encens, font fumer tes Autels?
Mon ardeur autrefois bouillante, impétueuse,
Est aujourd'hui plus sage, & plus respectueuse.
En lâche déserteur, je ne puis te trahir?
Mon cœur, aimable Enfant, ne te sçauroit haïr.
Je ne détruirai point moi-même mon ouvrage:
Sur moi rejailliroit un si perfide outrage.
Contens de votre sort, brulez, heureux Amans;
Et jouissez, en paix, de vos destins charmans.
Je ne prétends ici qu'arracher à leurs peines
Ceux qui sont accablés sous de cruelles chaines.
Faut-il qu'un nœud fatal, serrant un malheureux,
Acheve l'attentat d'un désespoir affreux?
Verrai-je, par les coups d'un destin déplorable
Injustement percer le cœur d'un misérable?
Aux amis de la paix, le sang doit faire horreur.
En éteignant ses feux, arrêtons sa fureur:
Il en devient sans nous l'innocente victime.
Le sauver, cher Amour, c'est t'épargner un crime.
Ton âge, aimable Enfant, n'est fait que pour les
     jeux:
La gloire de ton régne est de nous rendre heureux.
Tu pouvois attacher la terreur à tes armes:
Mais tu bannis la mort de tes tendres allarmes.
Que l'Amant de Vénus, en Vainqueur inhumain,
Dans un carnage affreux aime à plonger sa main;
Suis les pas de ta mere en ses combats paisibles:

Jamais, au vaincu même, ils n'ont été nuisibles.
D'un objet trop cruel, désarme le courroux;
Fais ouvrir dans la nuit les grilles, les verroux;
Rassemblant en secret la jeunesse timide,
Pour fuïr des yeux jaloux, vien lui servir de
 guide.
Ce sont-là pour l'Amour des exploits innocens:
C'est par-là, que tu dois mériter notre encens.
A ces mots, Cupidon part, & frappant de l'aile,
Me dit: va donc remplir ta carriere nouvelle.
 Vous qui, par lui trompés, perdez vos plus
  beaux jours,
Venez, de mes leçons, emprunter le secours.
Contre mes premiers Chants, que ma voix vous
 rassure.
Guerissez par la main qui fit votre blessure.
Le fer, qui mit Télephe en danger de périr,
Avoit seul la vertu de pouvoir le guérir.
Sur le même Côteau, ne voit-on pas la terre
Nourrir l'herbe nuisible, & l'herbe salutaire?
Je sers les deux partis; & l'Amante, & l'Amant
Peuvent, dans mes conseils, puiser également.
Mon ouvrage partout, en exemples fertile,
Lorsqu'il enseigne l'un, se rend à l'autre utile.
Il est beau de vanger la honte de ses fers:
Et d'arrêter des maux injustement soufferts.
La constante Phillis, qui brula pour un traitre,

N'eût pas perdu le jour, si j'eusse été son Maitre :
Didon, sans désespoir, auroit vû sur les eaux
Emporter, par les vents, de perfides Vaisseaux :
Le coupable Térée, épris de Philomele,
En oiseau, n'auroit pas été changé comme elle ;
Si mon Art, détournant les penchans malheureux,
Avoit brisé les traits qui s'aiguisoient contr'eux.
Confiez à mes soins une Phedre impudique ;
Je sçaurai l'affranchir d'un Amour tirannique.
Si j'instruisois Paris ; Hélene, & ses appas
Ne feroient le bonheur que du seul Ménélas.
Que n'ai je pû, Scilla, te présenter mon Livre :
Ton pere plus aimé n'eût pas cessé de vivre.

Vous, que d'un fin Amour égarent les erreurs,
Je viens vous affranchir de toutes ses horreurs.
Dans vos premiers soupirs, je vous servois de
   guide :
Pour ne plus soupirer, suivez encor Ovide.
Des nœuds que j'ai tissus, je dois vous dégager ;
Prêtez vous à la main, qui vient vous soulager.
Toi, que la Médecine & la Rime ont pour Pere,
Apollon, vien hâter le bonheur que j'espere :
Pour plaire & pour guérir, j'implore ton secours.
Ma gloire, en ces projets, à toi seul a recours.

Avant que la raison soit tout à fait éteinte,
Quand votre cœur encor n'a qu'une foible atteinte,
Si vous n'en presentez que des sujets de pleurs,

Du coup qui vous menace, évitez les malheurs.
Arrêtez promptement votre mal dans sa source ;
Que ce Coursier fougueux ne prenne point sa
    course.
Le temps nous rend plus forts : avec lui nous
    croissons :
Il change l'herbe tendre en solides moissons.
Dès qu'à votre bonheur votre amour est contraire,
Aux rigueurs de son joug cherchez à vous sous-
    traire.
Opposez vous au mal dans les premiers accès.
Le remede souvent se donne sans succès ;
Quand tristement accrus, par des remises vaines,
Des feux contagieux ont embrazé vos veines.
Qui ne peut aujourd'hui, pourra moins dans deux
    jours.
Un foible Amant se plaît à s'abuser toujours.
Dans ses retardemens ce feu qui le tourmente,
Trouve sa nourriture, & chaque jour augmente.
Les fleuves, en naissant, ne font que des ruis-
    seaux ;
Et doivent à leur cours le progrès de leurs
    eaux.
Mirrha n'auroit jamais pû consommer son crime,
Si sa raison d'abord en eût sondé l'abime.
Leur poison cependant se glisse au fond de l'ame,
Et la livre aux fureurs d'une mortelle flâme.

Votre cœur trop séduit par ses retardemens,
De mes premiers secours a perdu les momens :
Le mal veut plus de soins , mais n'est pas sans
 remede :
Votre voix en tout temps peut réclamer mon aide.
Moi , qui d'abord courois éteindre un feu naiſ-
 ſant ,
Je prens une autre route, & deviens moins preſ-
 ſant.
Traitons, avec lenteur, la plaie inveterée :
Le temps ſeul rétablit la nature alterée.
Lorſque le feu commence, on l'éteint aiſément :
Mais on perd ſes efforts contre un embraſement.
Celui, qu'aigrit ſon mal, ne nous voit qu'avec peine ;
Nos avis rejettés n'ont , pour fruit, que ſa haine.
Quand, une fois tranquile , il ſe laiſſe approcher,
Dans l'endroit douloureux nous pouvons le tou-
 cher.
Qu'aux obſeques d'un fils une mere gémiſſe ;
Qu'en voyant ſon bucher, tout en elle frémiſſe ;
Il faut être inſenſé pour condamner ſes pleurs :
Ce n'eſt point la ſaiſon d'arrêter ſes douleurs.
Ses larmes ont coulé : la nature eſt contente :
Le calme qui revient ſatisfait notre attente :
Le tems fait qu'un breuvage ou nous ſert , ou nous
 nuit :
Du ſeul choix de ce tems naît l'effet qu'il produit.
Lors

Lors donc que le sujet paroîtra plus traitable,
Inspirons-lui l'horreur du poison redoutable.
L'oisiveté fait naître, & vivre les Amours :
De ce mal qui nous plait, elle entretient le cours.
Quittez l'oisiveté ; Cupidon perd ses armes :
Son courage abbatu ne fait plus vos allarmes ;
Sur lui revient le trait dont il vous a percé ;
De lui même s'éteint son flambeau renversé.
Autant que le roseau veut des plaines liquides,
Qu'un Peuplier se plait sur des rives humides,
Autant Vénus chérit la molle oisiveté :
C'est l'unique aliment de sa lascivité.
L'Amour, dans les travaux, expire de foiblesse :
Vous qui voulez le vaincre, occupez vous sans
      cesse.
Le sommeil & le vin, suivis de la langueur,
Des plus nobles esprits énervent la vigueur :
Quand, avec leur secours, Cupidon vous assiége,
Qu'il est facile alors de tomber dans le piége !
Le seul emploi du tems vous deffendra contr'eux.
Rendez vous au barreau l'appui des malheureux ;
Ou suivez Mars en feu dans ses brillantes lices :
Devant vous fuit bientôt la troupe des délices.
Le Parthe vous invite à cueillir des Lauriers ;
Dans la Plaine César fait voler ses Guerriers :
A l'Amour, comme au Parthe, arrachant la victoire,
De ce double Trophée augmentez votre gloire.

H

Vénus de fon Amant redoute les Soldats,
Et depuis fa bleffure abhorre les combats.
Qui fit, demandez-vous, d'Ægifthe, un adultere ?
La réponfe eft facile : il n'avoit rien à faire.
Cent Princes aux dangers s'offroient depuis dix ans ;
Contre Ilion la Grece armoit tous fes enfans.
En habitant Argos, lui feul vivoit tranquille
Dans le fein de la paix, que goutoit cette Ville.
Pour adoucir l'ennui du fatiguant loifir,
L'Amour fut fa reffource : il n'eut point à choifir.
C'eft ainfi , qu'en nos cœurs , ce Tiran prend
   naiffance ,
Et qu'il y fait long-tems redouter fa puiffance.

 La Campagne furtout, & fes ombrages frais,
Dans vos fens agités rétabliront la paix.
Abbaiffez vos regards jufques au labourage :
Ces foins de vos ayeux occupoient le courage.
Que de travaux divers dans vos fertiles champs !
La Terre ouvre fon fein fous les coutres tran-
  chans.
Une Herfe mordante, en couvrant la femence,
Des bienfaits de Cérès affure l'efpérance.
Dans vos heureux Vergers votre œil eft enchanté:
Le Rameau céde au poids par lui-même enfanté.
Ce ruiffeau, qui careffe une rive chérie,
A l'envi des Oifeaux, gazouille en la Prairie :
Jour & nuit Philomele y roule fes accens :

Non loin de là, voyez vos Agneaux bondiſſans.
Vos Chevres, en grimpant dans des routes per-
    dues,
Semblent à vos regards, aux roches ſuſpendues.
Le tranquille Berger, enflant ſon Chalumeau,
De ſes ruſtiques ſons réjouit le Hameau.
A vos yeux attentifs, l'ingénieuſe Abeille,
Du thréſor qu'elle apporte, arrange la merveille.
Chaque ſaiſon vous offre* un ſpectacle nouveau ;
L'Automne de ſes dons remplit votre Caveau ;
L'Eté vous enrichit de ſolides richeſſes,
Et pour vous de Pomone amaſſe les largeſſes ;
Il embellit la Treille & jaunit nos moiſſons ;
Le Printems fait fleurir juſqu'aux moindres buiſſons :
Tout chante ſon retour, ſur la terre embellie ;
La troupe des plaiſirs dans les champs ſe rallie.
Dans vos corps engourdis rappellant la vigueur,
Vos foyers à l'hiver font perdre ſa rigueur.

    Quel exercice aimable, & cher à la nature,
De donner aux Jardins vous même la culture !
Quand la ſéve montant rajeunit vos Vergers ;
Faites leur adopter des Rameaux étrangers.
De ces ſoins amuſans la douceur épurée
Sçait du jour le plus long abréger la durée.
Il ſuffit qu'une fois ces plaiſirs innocens
De leurs charmes ſecrets viennent flatter vos
    ſens ;

Leur pouvoir de l'Amour arrête la pourfuite ;
Et, devant vous, bientôt lui fait prendre la fuite.
  Sa lacheté redoute encor plus un Chaffeur.
L'indolente Vénus d'Apollon craint la Sœur ;
Et n'ofe, dans les bois paroître devant elle.
Percez un Sanglier d'une fléche mortelle ;
Epouvantez un Cerf dans les vaftes forêts,
Et malgré fes détours pouffez-le dans vos rêts ;
Ou d'un Liévre timide éxerçant la viteffe,
Forcez-le d'expirer fous le Chien qui le preffe.
D'une fiére beauté l'importun fouvenir
Ne trouve plus le tems de vous entretenir.
Par fes plus doux Pavots, que pour vous il pro-
      digue,
Le fommeil en plaifir change votre fatigue.
  Quels doux amufemens de voir en vos réfeaux,
Quoique moindres objets, s'engager les oifeaux.
Vous pouvez, avec fruit, pour les Poiffons avides,
Couvrir d'un fol appas, des hameçons perfides.
Par ces rufes, trompant un Amour féducteur,
Vous même devenez votre libérateur.
  Si, contre votre attente, une vive tendreffe
Au fond de votre cœur, échappe à cette adreffe.
Fuiez ; allez chercher dans des climats lointains,
Contre un mal obftiné, des fecours plus certains,
Sans relache obfedé d'une importune image,
Vos pieds s'arrêteront au milieu du rivage.

Les délais les plus courts sont dumoins superflus :
Forcez-vous & preſſez vos pas irréſolus.
Ne priez point le Ciel, qu'un orage ſurvienne,
Ou qu'un nouvel obſtacle en ces lieux vous re-
 tienne.
Du chemin deja fait ſans être curieux,
Sur celui qui vous reſte ayez toujours les yeux.
Fuiez ; & ſans jamais regarder en arriére,
En Parthe qui veut vaincre, achevez la carriére.
La nouveauté des lieux par ſon vif agrément
Produit bientôt en vous un heureux changement.
Pour éteindre le feu qui brûle en mes arteres,
J'obſerve, malgré moi, des régimes auſteres.
Des ſucs les plus amers l'uſage dégoutant,
A qui cherche à guérir, devient moins rébutant.
Pour conſerver les jours d'un corps ſi peu durable,
Nous ſouffrons le tranchant d'un fer inéxorable.
Le repos de l'eſprit nous toucheroit-il moins ?
Lui, dont le rang plus noble éxige tous nos ſoins.
Je ſçai qu'aux premiers pas les cœurs les plus
 dociles
Trouveront de mon Art les eſſais difficiles :
Mes préceptes ſont durs ; j'en conviens avec vous :
Mais ici la raiſon ne les veut pas plus doux.
Ne vous fiez point trop ſur une courte abſence :
Sous la cendre, vos feux couvent leur violence :
Que leur furtive ardeur s'éteigne entiéremenr.

Vous revenez en vain vous montrer fiérement ;
Cupidon irrité plus vivement vous preffe,
Et vous rend le joüet d'une folle tendreffe.
Il ne vous refte enfin, d'un retour imprudent,
Que la honte d'un cœur plus foible & plus ar-
     dent.
     Que des enchantemens, & des fecrets magi-
          ques,
Un autre aille implorer les fecours chimériques.
Tel fut, dans tous les tems, le chemin du poifon :
Mes Vers innocemment rappellent la raifon.
Au Dieu qui parle en moi cédez fans réfiftance :
Lui-même vous promet fa divine affiftance.
Une vieille, allumant fes lugubres flambeaux,
Par moi, n'évoque point les ombres des tom-
     beaux.
Le Soleil, tout à coup, ne perd point fa lumiere ;
Le Tibre, dans fon lit, fuit fa pente premiere :
Je laiffe, en paix, briller tous les feux de la nuit :
Et jamais, aux Moiffons ma fcience ne nuit.
D'un prophane enchanteur la facrilége étude
Peut-elle de l'Amour bannir l'inquiétude ?
Quoi, ce Vainqueur des Dieux, qui méconnoît la
     peur,
D'un vain fouffre allumé craindroit-il la vapeur ?
Quelle puiffance ont eu tes herbes criminelles,
Medée ? as-tu trouvé quelque fecours en elles ?

Quand ton volage Amant réſolut ſon départ,
Que t'ont produit, Circé, les ſecrets de ton Art?
Pour changer ſon deſſein, tu mis tout en uſage:
De tes cris menaçans il brava le préſage.
Tu fis tout contre un feu, qui malgré toi Vain-
    queur,
Aux plus affreux tourmens abandonna ton cœur.
Toi, qui pouvois forcer les loix de la nature,
Tu n'a donc pû briſer une chaine trop dure?
Voyant de ſes Vaiſſeaux la voile s'apprêter,
Tu voulus, mais en vain, par ces mots l'arrêter.
   J'eſpérois à ton ſort unir ma deſtinée;
Mais à quelles douleurs me vois-je condamnée?
Cher Uliſſe; jamais, d'un hymen auſſi beau,
Ne pourra donc pour moi s'allumer le flambeau?
Fille du Dieu du jour, dans le rang de Déeſſe,
Je croyois d'un Héros égaler la Nobleſſe.
Différe quelque tems : preſſe moins mes malheurs.
Pourrois-tu refuſer cette grace à mes pleurs?
Voi les flots courroucés : tu dois aſſez les craindre.
Juſques aux Alcions, ne peux tu te contraindre?
Qui donc t'oblige à fuïr? de nouveaux Ilions ·
Font-ils ailleurs, aux Grecs, planter leurs Pavil-
   lons?
L'Amour avec la Paix repoſe ſur ces rives:
J'y ſuis la ſeule en proye aux douleurs les plus
   vives.

H iv

Deja tous mes Etats ont reconnu tes loix :
Que la gloire & l'Amour, y bornent tes exploits.
Ecoute tes fujets : voi Circé qui foupire :
Et fur elle, & fur eux, conferve ton empire.
Elle parloit ; le Grec regagnoit fes Vaiffeaux ;
Et les vents emportoient fes plaintes fur les eaux.
Tout ce que peut fon Art fut éprouvé par elle ;
Mais à tous fes fecrets fa flâme fut rebelle.
Vous donc, qui dans vos maux vous adreffez à
  moi,
Aux vains enchantemens, n'ayez aucune foi.
  Quant à l'éloignement que la raifon propofe,
Un important devoir trop fortement s'oppofe,
Et vous attache aux lieux qu'il vous faudroit quitter ;
Plus foumis que jamais vous devez m'écouter.
Peu d'Amans font armés d'un affez grand courage,
Pour s'affranchir d'abord d'un fatal efclavage :
Je ne puis qu'admirer leurs efforts généreux ;
Apollon par ma voix ne parle point pour eux.
Mais vous, qui vous plaignez d'avoir un cœur trop
  tendre,
Efclave infortuné, c'eft à vous de m'entendre.
  Repaffez tous les maux que l'Amour vous a
  faits
D'un objet trop ingrat rappellez les forfaits ;
Puis-je, en captif, ainfi fervir une cruelle ?
Les plus beaux de mes jours fe confument pour elle.

Cent fois elle a juré qu'elle n'aimoit que moi ;
Cent fois j'ai reconnu qu'elle manquoit de foi.
Ah, que pour me tromper la perfide a d'adreſſe !
Elle me hait ; un autre a toute ſa tendreſſe.
Que ces ſujets de plainte , au fond du cœur gravés ,
Soient les accuſateurs de vos ſens dépravés :
Ils ſçauront vous armer d'une colere utile.
L'éloquence , pour vous , n'eſt point un champ
    ſtérile.
Empruntez , de ſon fond , le trait le plus piquant :
Si vous êtes touché , vous ſerez éloquent.
Je me ſuis trouvé pris aux piéges d'une Belle ;
Mais je vis le malheur qui m'attendoit près d'elle ?
Par ces mêmes ſecrets , je fus bientôt guéri :
Celui qui vous conſeille auroit ſans eux péri.
Des plus triſtes couleurs , employant l'impoſture ,
Je m'en fis à moi-même une affreuſe peinture.
Que ſon bras , me diſois-je , offre peu d'agrémens !
Un pied ſi mal tourné révolte les Amans :
Dans tout ſon air reſpire une molle indolence.
Quoi ! puis-je aimer des yeux dévoués au ſilence ?
Qui ne s'ennuyeroit pas à ſon fade entretien ?
La vérité pourtant eſt qu'il n'en étoit rien.
Mais la ſoif de l'argent , en elle inſatiable ,
M'apprit à déteſter cet objet mépriſable.
   Les défauts ſont voiſins des rares qualités ,
Et les couvrent ſouvent de leurs obſcurités.

Prêtez à fa vertu l'habillement du vice :
Pouffez votre rigueur jufques à l'injuftice.
Si fon teint n'eft que brun, taxez le de noirceur :
Qu'un léger embonpoint foit groffiére épaiffeur :
Des traits de la maigreur, peignez la taille aifée.
Qu'en toute occafion, fa pudeur accufée,
Soit ou déguifément, ou foit fimplicité :
Trouvez un air trop libre en fa vivacité.
Mais preffez-la furtout d'étaler à la vûe
L'agrément, dont le Ciel ne l'aura pas pourvûe :
Elle offenfe du chant les plus communes loix ?
Faites fouvent glapir fon importune voix.
Un jargon vicieux révolte en fon langage ?
Que dans un long difcours votre adreffe l'engage.
Une lire, en fes mains, vous condamne à fouffrir ?
Il faut d'un ton flatteur la lui fouvent offrir.
Pour rendre de fes dents les défauts plus vifibles ;
Forcez la d'éclater par vos contes rifibles.
Ses yeux d'un air choquant expriment fes douleurs ?
Par vos triftes récits, rempliffez-les de pleurs.

   Avant qu'elle ait le tems d'embellir la nature,
Prévenez de fon Art la galante impofture.
De fes nombreux atours, le voile ingénieux
Répare fes défauts, ou les cache à vos yeux.
D'elle même une Belle eft la moindre partie,
Et, dans ce riche amas, paroît anéantie.
Parmi tous ces brillans artiftement femés,

Vainement cherchez vous celle que vous aimez.
Contre vous, leur éclat fçait lui fervir d'Egide ;
Mais, en la furprenant, venez, d'un œil rigide,
Démafquer, fans péril, ce qui vous a charmé :
Dans fon foible, voyez l'ennemi défarmé.
Ce précepte, il eft vrai, n'eft pas toujours à fuivre :
A des traits plus perçans quelquefois il vous livre.
L'aimable négligence orne encor la beauté,
Et n'en réduit que mieux un fujet révolté.
Mais comme il eft bien peu de beautés naturelles,
Ces affauts rarement vous font donnez par elles.
    Voyez votre Maitreffe, en ces foibles momens,
Où fa coquette main paîtrit fes agrémens.
Les rebutans apprêts, qu'étale fa toilette,
Rendront de vos dégoûts la victoire complette :
Et de la fource, où l'Art va puifer fes attraits,
S'élevéra fa honte, & naîtront vos regrets.
    Dans le fein du plaifir , & dans fes propres
          charmes,
Contre mon ennemi, dois-je prendre des armes?
Et par lui-même enfin faut-il chaffer l'Amour ?
Non; la pudeur défend d'expofer au grand jour
Les lubriques fureurs de fes honteux miftéres.
J'obéis, & me rens à fes ordres auftéres.
Des feuls yeux de l'efprit, tâchez d'appercevoir
Ce que me fait voiler un rigoureux devoir.
Certain Cenfeur, dit-on, à me blâmer s'obftine :

Ma mufe eft, à fon fens , un peu trop libertine.
Pourvû que Rome entiére applaudiffe à mes Vers,
Qu'il diftile fon fiel en fes écrits pervers.
Homére eft déchiré par la dent de l'envie :
De Zoïles nouveaux, fa gloire eft pourfuivie.
Toi, par qui, des Troyens le Chef religieux
A conduit fur ces bords fa fortune & fes Dieux ;
Es-tu plus à l'abri des langues facriléges ?
Contr'elles , tes beaux Chants n'ont point de pri-
        viléges.
Les vents grondent le plus fur les Monts élevés :
Et les coups de la foudre aux tours font réfervés.
Mais toi, critique obfcur, que ma liberté bleffe,
Qui, fur des riens plaifans, éxerces ta foibleffe,
Si la jufte raifon régloit tes jugemens ,
Dans quel rang mettrois-tu mes doux amufemens?
Les guerres, en grands vers , veulent être tracées.
Le Cothurne n'admet que de nobles penfées :
Il étonne, attendrit l'inquiet fpectateur.
Le Brodequin plus fimple enfle moins fon Acteur.
La Satire, s'armant de vérités affreufes,
Va, partout, dévoiler les ames ténébreufes.
L'élegie aux Amours réferve fes doux chants ;
Et prête à la douleur fes tons les plus touchans.
Callimaque eft-il propre à chanter un Achille ?
Homére viendra-t'il dépeindre une Hypfipile ?
Si Thaïs d'Andromaque affectoit la hauteur ;

Qu'Andromaque à Thaïs disputât l'air flatteur,
Qui pourroit approuver ce bizarre appanage ?
Chacun doit constamment garder son personage.
La sensible Thaïs de mon Art est l'objet :
Et je veux librement égayer mon sujet.
Le devoir des époux n'est pas ce que je traite :
Je n'offre mes leçons qu'à l'aimable coquette.
Si ma muse badine a rempli mes souhaits,
Vainement d'un faux crime on noircit ses bien-
    faits.
Tai-toi, mordante envie, & souscris à ma gloire :
Mon nom dejà se grave au Temple de Mémoire.
Que je vive ; mes jours accroîtront tes douleurs :
Apollon me promet ses plus brillantes fleurs.
A mes honneurs acquis, mon cœur est trop sen-
    sible :
Et pour les augmenter, tout me sera possible.
L'élegie, à mes Vers, doit autant sa splendeur,
Qu'à Virgile, Clio, l'éclat de sa grandeur.

Fin du Chant premier.

CHANT SECOND.

MA réponſe à l'envie oppoſe une barriére :
A couvert de ſes coups, rentrons dans la
    carriére.
Si, pour la nuit prochaine, à vos brûlans deſirs,
Votre Belle promet le plus doux des plaiſirs ;
Pour arrêter l'effort du poiſon qui vous tue ,
Qu'auprès d'un autre objet, votre ardeur s'évertue.
Quand vos premiers exploits auront calmé vos
    feux ,
Près d'elle rendez-vous moins ſenſible à ces jeux.
Plus le plaiſir eſt rare , & plus ſon charme aug-
    mente :
Nous ſoupirons pour l'eau, quand la ſoif nous tour-
    mente :
L'ombre fait du Soleil ſouhaiter le retour :
Et nous lui préférons ce même ombre à ſon tour.
Dans vos ébats, forçant les loix de la nature,
Cherchez une indécente, & pénible poſture :
N'attachez vos regards qu'à ſes déſagrémens.
Toute femme s'oublie, en ces tendres momens ;
Et ſe rendant ſans peine à ce que l'on veut d'elle,
Croit, dans toute action, paroître toujours Belle.
Au grand jour, immolant ſa mourante pudeur ,

De ſes défauts cachés obſervez la laideur.

Soutenez juſqu'au bout votre critique étude.

Quand l'ame, avec les ſens, s'abbat de laſſitude;

Que naît certain dégoût de vos deſirs contens;

Et que vous les croyez ſatisfaits pour long-tems;

Au plus dur éxamen, que tout ſon corps en butte

Repaiſſe vos regards de ce qui vous rebutte.

Pour fixer de vos maux le déplorable cours,

Ces ſoins, je l'avouerai, ſont d'un foible ſecours:

Mais, ce qui diviſé ſemble n'être qu'une ombre,

En ſe réuniſſant, peut aider par le nombre.

De petits moucherons au plus fier des Taureaux

Vont déclarer la guerre, & s'en font les bour-
  reaux.

Une meutte aux combats foiblement aguerrie,

D'un Sanglier terrible arrête la furie.

Tels, mes avis divers enſemble ramaſſés,

Abbatront, à vos pieds, vos ennemis laſſés.

Mais, comme il eſt autant d'humeurs que de
  viſages,

N'adoptez pas toujours mes différens uſages.

Vos yeux de certains faits ne ſont point offenſés;

D'autres Juges peut-être en paroîtront bleſſés.

Un Amant s'eſt guéri, pour avoir vû trop nues

Des beautés, qui devoient lui reſter inconnues.

Un autre, découvrant les traces de Cypris,

D'un dégoût imprévu ſent frapper ſes eſprits.

Souvent plus qu'il ne sert nuit un pareil remede :
Ce moment, pour Vénus, n'est qu'un court inter-
    mede.
Un nouveau trait plus vif s'apprête à la vanger :
Et, dans peu, vous replonge en un plus grand
    danger.
A deux beautés plutôt que votre cœur s'engage :
Il souffre d'autant moins que plus il se partage.
Celle, dont plusieurs fils consolent les vieux ans,
Au trépas de l'un deux sent des traits moins cuisans,
Que l'autre qui s'écrie, en sa douleur amére :
Je n'avois que toi seul, & je ne suis plus mere.
A servir des beautés s'adoucissent vos peines ;
Et plus le nombre est grand, moins de poids ont
    vos chaines.
L'ame, à divers objets se laissant émouvoir,
Ressent moins vivement leur funeste pouvoir :
Ses desirs partagés d'eux-mêmes s'affoiblissent.
Des fleuves les plus grands, les lits profonds taris-
    sent,
Quand forcés de couler par différens canaux,
Ils arrosent nos Prés du tribut de leurs eaux.
Dès qu'entre deux penchans, il garde l'équilibre,
Votre cœur peut deja se vanter d'être libre.
Si, près d'elle, en Phrigie, il eût fixé ses jours,
Paris étoit d'Œnone esclave pour toujours.
Par un plus digne choix, se liant à Prognide,

Minos

Minos sçut oublier une épouse perfide.
Alcméon détestant d'illégitimes feux,
Avec Callirhoé s'unit de plus doux nœuds.
Des heureux inconstans, la foule ici m'arrête :
Sur leurs pas, la victoire à vous suivre s'apprête.
  Ne pensez pas, Amans, que fier de mon em-
        ploi,
Je vienne vous prescrire une nouvelle loi.
Par Agamemnon même elle fut observée :
Et la gloire à moi seul n'en est pas reservée.
Quoique la Gréce entiére adorât son pouvoir,
Ce Héros immola sa flâme à son devoir.
Une jeune Captive avoit trop sçu lui plaire ;
Son pere vient, au nom du Dieu qui nous éclaire ;
Et réclame, en pleurant, ce gage précieux.
Pourquoi, dans ta douleur, intéresser les Cieux ?
De ta fille, ô Vieillard, plains moins la destinée :
Elle voit à regret ta poursuite obstinée.
Quand Calchas, détournant d'innombrables mal-
        heurs,
Eut fait rendre à Chrysés le sujet de ses pleurs ;
J'y consens, dit aux Grecs le puissant fils d'Atrée :
Mais, d'un nouvel Amour, mon ame est péne-
        trée :
Une beauté pareille éclate en Briséïs :
Je prétens, dans ses bras, oublier Chryséïs.
Qu'Achille, s'il respecte en moi le rang suprême,

S'empreſſe, à mes ſouhaits, de la livrer lui-même,
Qui de me condamner s'arrogera les droits,
Eprouvera bientôt que je commande aux Rois.
Il dit : ces feux nouveaux allumés dans ſon ame
Eteignirent l'ardeur de ſa premiere flâme.
Imitez ce modéle, infortunés Amans ;
Et comme lui changez en plaiſirs vos tourmens.
Où trouver, direz-vous, de ces beautés faciles ?
En eſt-il que l'on voie, à mon Art, indociles ?

   S'il eſt vrai qu'Apollon s'explique par ma voix,
Qu'un nouveau zéle en vous reçoive ici ſes loix.
Quoique du Mont Etna la flâme vous dévore,
Affectez des froideurs que votre cœur ignore.
Sous l'air le plus ſerain, dérobant vos douleurs,
Riez, quand votre état vous demande des pleurs.
Un changement ſubit n'eſt pas ce que j'éxige :
Cet effort généreux tiendroit trop du prodige.
Parez vous des dehors de la tranquillité ;
D'un menſonge prudent, naitra la vérité.
En feignant au ſommeil de livrer ma paupiere,
Quelquefois des pavots m'ont ravi la lumiere.
Je ſçai plus d'un railleur que l'Amour a ſurpris :
Dans ſes propres paneaux, l'oiſeleur s'eſt vû pris.
Par l'uſage, ce Dieu nous ſoumet à ſes armes :
Par l'uſage, on apprend à mépriſer ſes charmes.

   Votre Belle vous donne un rendez-vous ſecret ;
Elle y manque ; il en faut étouffer le regret.

N'éclattez point alors en plaintes, en injures :
Quelle life, en votre air, l'oubli de fes parjures :
Son orgueil étonné foutient mal ces froideurs ;
Le dépit vient pour vous ranimer fes ardeurs.
Mais craignez ce retour : que le trait qui vous
    blesse,
Au grand jour dérobé, cache votre foibleffe :
Aux plus fecrets deffeins, le fuccès répond mieux :
L'oifeau fuit les filets, qui s'offrent à fes yeux.
Contre fa douceur même armez vôtre courage ;
Et qu'un mépris marqué fenfiblement l'outrage.
Sa porte eft elle ouverte ? éloignez en vos pas.
On vous fait appeller ? ne vous détournez pas.
Par ces efforts heureux, votre flâme étouffée
Vous éleve elle-même un paifible Trophée.

   Ces maximes peut-être ont trop d'auftérité :
Tempérons, j'y confens, tant de févérité.
Les efprits font divers ; prenons diverfes routes :
Ils fuivent mille erreurs ; oppofons nous à toutes.
Quand l'accès léthargique au tombeau vous con-
    duit :
Le feu feul vous arrache à l'éternelle nuit.
Contre un venin, qui coule en fes veines bru-
    lantes,
Un autre n'a befoin que de fucs & de plantes.
Cupidon vous retient durement enchainé,
Et vous montre à fa fuite indignement traîné :

Ne luttez plus en vain. Dans l'horreur d'un nau-
    frage ,
Sur ſes débris, voguons où nous porte l'orage.
Cette ſoif qui vous brule, il la faut appaiſer :
Courez, au ſein du fleuve, à pleine urne puiſer :
Sans garder de meſure, abbreuvez-vous dans
    l'onde :
Que juſqu'à regorger, le torrent vous inonde.
A chaque inſtant volez de plaiſirs en plaiſirs ;
En leur accordant tout, éteignez vos deſirs.
Par là, de vos dégouts, avancez la naiſſance :
Deja votre ennemi redoute leur puiſſance.
Ces vangeurs, l'attaquant juſques ſur ſes Autels,
Vont, dans peu, lui porter les coups les plus
    mortels.
    Par ſes illuſions, la triſte jalouſie
Entretient la fureur, dont votre ame eſt ſaiſie.
Ses frayeurs à l'Amour vous livrent, malgré
    vous :
En les chaſſant, parez d'inévitables coups.
Celui dont un rival empoiſonne la vie,
Qui craint que de ſes bras ſa Belle ſoit ravie,
Eſpere en vain de l'Art le ſecours tant vanté ;
Eſculape ne peut lui rendre la ſanté.
La mere dont le fils ſuit le parti des armes,
Sent croître ſon Amour de ſes vives allarmes.
Croyez que votre ingrate abhorre ſes Amans ;

Que près d'elle il n'est point de fortunés momens.
Tous les affreux malheurs qu'après lui traine Oreste,
D'un mouvement jaloux sont la suite funeste.
Ménélas peut quitter Hélene sans chagrin ;
Loin d'elle il sçait jouir d'un repos souverain.
Pourquoi tant de regrets, lorsque Paris l'enleve ?
Par le sien irrité son Amour se souleve.
Pour une esclave, Achille eût-il versé des pleurs,
Si quelqu'heureux Rival n'eût causé ses douleurs ?
L'ardente jalousie, en sa fureur extrême,
Des traits noirs de la haine arme en nous l'Amour
    même.
  Non loin des murs Romains, pour les cœurs
    mécontens,
Un Temple respectable est ouvert en tout tems.
C'est là, que pour éteindre une ardeur meur-
    triére,
La Maitresse, & l'Amant vont offrir leur priére.
Le Dieu, qui leur promet d'y soulager leurs maux,
En songe m'apparut, & me dicta ces mots.
Toi, par qui l'on voit naitre, & mourir la ten-
    dresse,
Ovide, à tes conseils joins ceux que je t'adresse.
Que chacun devant soi rappelle ses malheurs :
Ils sçauront dissiper de frivoles douleurs.
Celui, dont les emprunts ont augmenté les chaines,
Qui craint d'un usurier les poursuites prochaines,

Doit se représenter ce visage odieux,
Et deja, par avance, en affliget ses yeux.
Qu'auprès d'un pere avare, un fils en esclavage,
S'en retrace, en tout tems, la dureté sauvage.
D'une femme sans dot, l'imprudent qui fit choix,
Peut trouver, dans l'hymen, tous les maux à la
    fois.
L'un attend un Vaisseau ; qu'il ait toujours en tête,
Et les affreux écueils, & l'horrible tempête.
Que l'autre, pour un fils sous les drapeaux de
    Mars,
Tremble, & courre avec lui partager les hazards.
Qu'en ce procès le tems bien tristement s'écoule :
Eh ! chez qui les chagrins n'entrent-ils pas en foule ?
Paris eut détesté le feu qui l'embrasoit,
S'il eut pû découvrir tous les maux qu'il causoit.
Ce Phantôme divin m'en eut dit davantage ;
Mais le sommeil fuyant dissipa son ouvrage.
   Où voguer ? mon Pilote encore loin du port,
Sur des flots inconnus, me laisse au gré du sort.
Dans les lieux écartés, se plaît l'inquiétude :
Fuyez, tristes Amans, fuyez la solitude.
Le grand monde, & les soins les plus tumultueux,
Par leur propre embarras, vous seront fructueux.
Vos secretes fureurs du secret se nourrissent :
En éclattant au jour souvent elles périssent :
L'obscurité pour vous n'a rien que d'ennuyeux ;

L'ingrate, quoiqu'abfente, y revient à vos yeux.
Le chagrin, dans l'horreur d'une nuit ténébreufe,
Abbreuve, à plus longs traits, une ame malheu-
   reufe.
Que de tous vos amis l'agréable concours,
Par vous même invité, vole à votre fecours ;
Et fenfible aux doux foins que prend leur com-
   plaifance,
Profitez des plaifirs qu'apporte leur préfence.
Mais qu'un Pilade, entr'eux, confeille Orefte, en
   vous :
Des fruits de l'amitié, ce font là les plus doux.
   Qui te rendit, Phillis, la lumiére importune ?
De l'horreur des forêts, s'accrut ton infortune :
Dans leurs fentiers perdus, tu rencontras la mort :
Une fidelle amie eut fait changer ton fort.
Telle qu'une Bacchante en fureur, dans la plaine,
Fuit les cheveux épars, & fe met hors d'haleine ;
Telle, les yeux fixez dans le lointain des mers,
Cette Amante parcourt leurs rivages deferts ;
Dans fon accablement elle s'arrête & tombe.
Traitre Démophoon ! à mes maux je fuccombe :
Il me fuit, crioit-elle, en s'adreffant aux flots.
Sa voix meurt, & fait place aux plus triftes fan-
   glots.
Un fentier s'étendoit dans ces retraites fombres,
Où le jour combattant fembloit céder aux ombres :

Ce chemin vers la Mer, conduifoit hors du bois ;
Elle y rentroit alors, pour la neuviéme fois.
Où vais-je ? finiffons cette horrible torture,
Dit-elle, en détachant fa funefte ceinture :
Un rameau malheureux s'offre à fon noir deffein.
Quel trouble à cet afpect s'éleve dans fon fein ?
Elle pâlit ; la crainte, en ce moment, l'arrête :
Sa main laiffe tomber le tiffu qu'elle apprête :
Mais le cruel Amour, rappellant fon malheur,
Serre le nœud fatal, qu'attache la douleur.
Ta vie, aimable Reine, eut une fin trop dure.
La forêt attendrie en quitta fa verdure.
Tu n'eus point par ta mort fait naître ces regrets,
Si tu n'avois cherché les lieux les plus fecrets.

    Vous, qui du défefpoir craignez la violence,
Evitez ces réduits, où régne le filence.
Guidé par mes confeils, un Amant prefqu'au Port
Laiffoit trop de fa joie éclater le tranfport.
Parmi d'autres Amans il vient, & fait naufrage :
L'Amour rentre en fes droits ; & lui fouffle fa
    rage.
D'un fpectacle fi doux l'attrait contagieux
Ne peut que ranimer un feu féditieux ;
L'air empefté corrompt tout ce qui le refpire.
Sous fes coups bien fouvent un peuple entier
    expire.
En obfervant des yeux mal fains & négligés,

Nous contractons le mal dont ils font affligés.
Pour qui veut s'affranchir d'un pouvoir qu'il détefte,
Des fujets de l'Amour le commerce eft funefte.

Un autre encor plus vain, chantant fa liberté,
Vint, trop près de fa Belle, étaler fa fierté.
Dans les dangers preffans d'un pareil voifinage,
L'imprudent foutient mal ce hardi perfonnage.
Le trait victorieux du coup d'œil qui l'abbat
Rouvre fa cicatrice en ce honteux combat.
Lorfqu'un toît embrafé fouffle au loin la ruine,
Gardons-nous d'approcher de la maifon voifine.

Qu'une autre promenade ait pour vous plus
d'appas,
Que celle, où votre ingrate aime à porter fes pas.
Un perfide penchant vous rentraine à fa fuite :
La victoire fur elle, eft pour vous dans la fuite.

Pour vous mettre à l'abri des coups de l'infidelle,
Il ne vous fuffit pas de vous éloigner d'elle.
Que tout ce qui la touche, irritant vos efprits,
Reffente la hauteur de vos nouveaux mépris.
D'une fuivante en pleurs, ne daignez rien appren-
dre :
Quel que foit fon meffage, il tend à vous fur-
prendre.
Un filence obftiné peut feul vous garantir;
Tout éclat vous prépare un trifte repentir.
D'un violent Amour la plainte eft le partage :

En difant trop : je hais, l'on aime davantage.
Votre cœur de fon mal croit n'être plus atteint;
Mais redoutez un feu trop promptement éteint.
Surmontez par dégrés un amoureux caprice :
Que fous des traits nombreux votre ennemi pé-
riffe.
Mais n'allez pas auffi, facrilege infenfé,
Profaner un Autel par vous même encenfé.
La brutalité feule a fini par la haine :
Brifer fi durement une fi douce chaine,
C'eft acheter trop cher le repos de fes jours :
Ou plutôt l'on fe trompe ; & c'eft aimer toujours.
    Deux Amans ennemis, dans leurs débats obf-
      cènes,
N'amufant le public que de honteufes fcènes.
Thémis voit, à regret, leur rifible procès,
D'un fol emportement trop ordinaire excès.
L'accufateur en vain pourfuit fa criminelle :
Il n'en refte, à tous deux, qu'une tache éternelle.
J'ai vû, dans le fenat, un Amant en fureur,
Suivi du cher objet de fa nouvelle horreur.
Sa voix fiére, au travers de fes plaintes nom-
      breufes,
Répandoit hautement des menaces affreufes :
Et tout prêt de plaider : qu'elle approche, dit-il :
Elle vient ; il paroît frappé d'un trait fubtil.
Interdit & tremblant, il garde un long filence ;

Puis jettant fa requête, à fes pieds il s'élance.
Triomphez, cria-t'il, & ne plaidons jamais.
Le parti le plus fage, eft de finir en paix :
Ennemi des éclats d'une honte pareille,
Jamais n'allez d'un Juge en réjouir l'oreille.
Content du feul plaifir qu'ont les cœurs bienfaifans,
En homme généreux oubliez vos préfens.

Si dans un même lieu le hazard vous raffemble,
Qu'a l'afpect du péril votre fageffe tremble.
Prenez mon bouclier : armez votre valeur :
Rappellez-vous fa haine, & tout votre malheur.
Qu'un rival préféré pique votre colere :
Dans ces fcabreux momens, ne cherchez point à
    plaire.
Ne prenez aucun foin d'arranger vos cheveux :
Un air tendre & galant eft contraire à vos vœux.
Mais que la vanité fe plait à nous féduire !
Par ce guide trompeur, nous nous laiffons con-
    duire.
De nos foibles attraits aveuglément charmés,
Nous nous berçons toujours de l'efpoir d'être aimés.
En crédules enfans, l'Amour propre nous lie :
Dans fes nœuds enchantés notre raifon s'oublie.

D'un Sexe trop léger croyez peu les fermens :
La femme en jurant cherche à tromper fes Amans.
De fes perfides pleurs fongez à vous défendre ;
Ses yeux font, avec art, inftruits à les répandre.

Tel qu'un rocher ſe voit aſſiégé par les flots ;
Un Amant eſt en butte aux plus fourbes complots.
De vos vives douleurs dérobez l'apparence.
Taiſez-lui le ſujet de votre indifférence.
Vos reproches, tombant ſans la mortifier,
Lui fourniroient des traits, pour ſe juſtifier.
Qui ſe tait, n'aime plus : gourmander une Belle ,
C'eſt offrir les accords de la paix avec elle,
Je reſpecte l'Amour ; j'en aime le flambeau,
Et ne veux pas priver vos cœurs d'un feu ſi beau :
Ma main ne cherche pas à lui couper les ailes :
Je ne viens point briſer ſes fléches criminelles :
Je ne veux que guérir de leurs coups malheureux,
Et changer en plaiſirs nos tourmens rigoureux.
Qu'à toi ſeul, Apollon, nous devions cette joie :
Arrache nous aux maux, dont nous ſommes la
      proie.
    Placez auprès d'un Lys de moins brillantes fleurs ;
Son éclat lumineux efface leurs couleurs.
Aux plus rares objets, comparez vos Maitreſſes ;
Votre œil déſavoûra vos aveugles tendreſſes.
Et Pallas, & Junon pouvoient charmer Paris ;
Mais la pomme eſt donnée aux beaux yeux de
      Cypris.
Cette utile cenſure au corps n'eſt pas réduite :
Par elle on peut pezer les talens, la conduite.
Ne fermez point vos cœurs à mes moindres avis :

Vous vous applaudirez de les avoir fuivis.

Une lettre agréable, & chérement gardée,
Ne fert qu'à réveiller une funefte idée.
Livrez au feu les traits qui fçurent vous toucher :
Faites que votre Amour y trouve fon bucher.
Pourquoi dans un portrait garder fon ennemie ?
Cette faute a jadis perdu Laodamie.
Banniffez pour toujours ce muet Orateur,
Qui, de vos maux encor vous fait aimer l'auteur.

De tout ce qui lui plut, l'Amour aime à renaître ;
Et fous les mêmes traits il fe fait reconnoître.
N'approchez point des lieux témoins de vos plaifirs ;
Fuyez : ces lieux flatteurs raniment vos defirs.
C'eft ici qu'elle étoit ; fur ce lit nous tombâmes ;
Là, Vénus toute entiére enivra nos deux ames.
Comme un feu prefqu'éteint, par le fouffre touché,
Revit, & dans l'inftant, montre un brazier caché ;
Votre ardeur fe rallume à cette douce approche :
L'Amour, qu'on a crû loin, fait fentir qu'il eft
    proche.
Le Pilote prudent garantit fes Vaiffeaux
Du rocher dangereux, que lui couvrent les eaux.
Le périlleux abord de ces lieux pleins de charmes,
Imprudemment revus, feroit couler vos larmes.
Ce font de vrais écueils, pleins de frémiffemens ;
Et Charibde y vomit fes longs mugiffemens.

Il eft d'autres moyens peu propres à prefcrire :

Le hazard quelquefois peut forcer d'y foufcrire.
Au milieu des grands biens , l'Amour luxurieux,
Regorgeant de plaifirs , en devient furieux.
Si Phedre n'avoit point éprouvé leur ivreffe ;
Eût elle d'Hippolite attaqué la fageffe ?
Irus eft infenfible : Hecale eft fans Amans :
De plus pénibles foins occupent leurs momens :
L'Amour languit & meurt dans la trifte indigence.
Mais c'eft trop, à mon fens, acheter la vangeance.

Amans, qui gémiffez fous le joug amoureux,
Du théâtre fuyez les attraits dangereux.
Des inftrumens divers la touchante harmonie ,
Et la danfe & le chant, flattent votre manie.
Leur charme fçait en vous, par fes impreffions,
Changer en vérités, fes tendres fictions.

Je vous relégue auffi, favoris du Parnaffe :
Des cœurs deja calmés vous troublez la bonace.
Par moi-même en ce jour, mes talens font prof-
    crits.
Amans, ne lifez plus nos féduifans écrits.
Le tendre Callimaque eft pour vous trop nuifible :
Aux chants d'Anacréon, qui peut refter paifible ?
Pour celle qui me plait, fuis-je en quelque froideur ?
La fenfible Sapho réveille mon ardeur.
Sans aimer, peut-on lire & Properce & Catulle ?
Qui ne partage pas les foupirs de Tibulle ?
Gallus fait éclater leurs agrémens divers :

Et leur douceur, dit-on, respire dans mes Vers.
Quand vos sens mutinés font votre inquiétude,
Jusqu'aux alimens même étendez votre étude.
Abandonnez la Truffle, & ses feux détestés ;
Tous les sucs irritans sont pour vous empestés.
Vénus porte avec eux ses ardeurs dans vos veines :
Des mets plus froids rendront ses entreprises vaines.
Au Mirthe préférant le Lierre des buveurs ,
Vous braverez l'Amour, ses traits & ses fureurs.
De ses dons bienfaisans l'expérience heureuse,
Par d'autres feux éteint une flâme amoureuse.
Le vin dans un repas, versé modérement,
Y donne au tendre Amour son plus vif agrément.
Ce Dieu folâtre y régne au milieu de la joie,
Et suivi des plaisirs n'y manque point sa proie.
Vous qui voulez braver ses arrogans succès ,
Livrez-vous, plongez-vous dans les plus grands excès.
La flâme est par le vent servie & combattue ;
Le Zéphir la fait vivre & l'Aquilon la tue.
Que l'Amour, dans l'ivresse éteignant son flambeau,
Sous un poids accablant rencontre son tombeau.
   Si de votre ennemi j'ai dompté le courage :
Si la paix de vos cœurs est enfin mon ouvrage :
Amans, que j'ai sauvés des mains d'un Dieu pervers,
Chérissez ma mémoire, & célébrez mes Vers.

F I N.

TABLE

DES NOMS REMARQUABLES
contenus dans l'*Art d'Aimer* & le
Remede d'Amour.

ACHILLE étoit fils de Pelée & de Thetis, *Déeſſe* de la Mer ; il fut confié dans ſes premieres années au Centaure Chiron, qui le nourriſſoit de moëlle d'Ours & de Sangliers. Sous ce maître, il apprit à toucher de la Lire ; il s'inſtruiſit dans la connoiſſance des Simples, dans l'Art de lancer le Javelot ; Phœnix lui enſeigna les principes militaires. Thetis ſa mere, ſçachant qu'il devoit périr au ſiége de Troye, le cacha parmi les filles de la Cour du Roi Lycomede: Uliſſe, Roi d'Itaque, le découvrit dans ſa retraite & le mena avec les Troupes des Grecs pour venger le rapt d'Helene. Ce jeune Heros laiſſa à Deïdamie le petit Pirrhus fruit de leurs furtives ardeurs, & partit pour Ilium, où il fut tué en trahiſon par le lâche Pâris.

ACONCE, jeune Homme de l'Iſle de Chio, devint épris des charmes de la belle Cydippe, quoi qu'inferieure à celle-ci en naiſſance. Il lui preſenta dans le Temple de Diane une Orange, ſur laquelle étoient gravés ces mots : je ſerai à Aconce. Cydippe fit vœu dans ſon cœur de n'être qu'à lui, & l'épouſa par l'ordre de Diane même.

ADMETE, roi de Theſſalie, dont Apollon garda les Troupeaux. voy. Alceſte.

ADONIS, fils de Cyniras & de Myrrha: ce fruit in-

K

cestueux fut élevé par les Nayades ; Venus, l'ayant vû à la chasse, en fut éprise & oublia le Dieu Mars, qui pour se vanger fit périr sous les coups meurtriers d'un Sanglier le jeune mortel, qui avoit osé être son rival. Les Assiriens l'ont adoré comme un Dieu, & lui offroient des sacrifices appellés Adoniens.

ÆGISTHE, *fils de* Thieste *& de sa fille* Pelopée. L'Oracle avoit appris à ce malheureux Roi, qu'il auroit un fils de sa fille, qui tueroit Atrée & vangeroit ses crimes. Egysthe remplit l'Oracle, en immolant Atrée & massacrant plusieurs années après son fils Agamemnon, dont il avoit séduit l'épouse Clitemnestre. Il tomba enfin sous les coups du terrible Oreste.

ÆROPE, *femme* d'Atrée, *fut enlevée par* Thieste dont elle eut un fils nommé Plisthenes ; c'est cette insulte qui causa la haine d'Atrée contre son frere, & qui le porta à en tirer une vangeance, qui fit horreur au Dieu du Jour.

AGAMEMNON, *fils* d'Atrée, *Roi de* Micenes *& d'Argos, frere de* Menelas. A son retour de la conquête de Troye, dans laquelle il avoit été nommé chef de l'armée Grecque, il fut poignardé par Egisthe & sa femme Clitemnestre.

AJAX, *fils* d'Oilée, *Roi des* Locres, *fameux Heros* dans la part qu'il eut au siége de Troye : Tecmesse étoit son Epouse. Mais il mérita la colere de Pallas, pour avoir souillé son temple, en y violant Cassandre, fille de Priam, qui s'y étoit refugiée. Il périt dans les horreurs du naufrage, frappé d'un coup de foudre.

ALCESTE, *fille de* Perilaüs, *femme* d'Admete *Roi de* Thessalie, pour qui elle s'offrit à la mort.

ALLIE, *fleuve, où les* Romains *furent vaincus & taillés en pieces par les* Gaulois, & perdirent leur ville dont ceux-ci s'emparerent.

AMPHION, *fils de* Jupiter & d'Antiope ; Mercure *lui apprit à toucher de la Lyre ; il y excelloit si admirablement, qu'au son de ses accords les murs de* Thebes *s'éleverent, & par ce miracle il deffendit son peuple contre les frequentes incursions des* Phlégiens. Apollon, *irrité de le voir plein d'orgueil sur son talent, le fit périr avec toute sa famille par une peste horrible.*

ÆNÉE, noble Troyen, fils d'Anchise *& de* Venus, *qui, après le sac de* Troye, *ayant surmonté les fatigues d'un long & perilleux voyage, parvint en* Italie, *où il établit une Colonie Troyenne.*

ANDROMAQUE, femme d'Hector ; *qu'après la ruine de* Troye, Pirrhus *fils* d'Achille *emmena en* Epire, *& fit épouser à* Helenues, *fils de* Priam.

ANDROMEDE, fille de Cassiope *& de* Cephée, *Roi* d'Ethiopie : *la vanité de* Cassiope *sa mere sur la beauté de sa fille la fit condamner par les* Nereïdes *irritées à être dévorée par un monstre marin ;* Persée *la délivra. voy.* Persée.

ANTOINE, AUGUSTE & LEPIDE, fameux par le triumvirat, les cruautés qu'ils y exercerent, & les divers combats qu'ils livrerent dans le sein de la République.

APELLES, fameux peintre de l'Isle de Cos, *ou de la ville* d'Ephese ; *il fut le seul, à qui* Alexandre *permit de le peindre. A sa mort, on trouva dans son attelier une* Venus *qui n'étoit point achevée : qui que ce soit n'eut la hardiesse d'y mettre la derniere main.*

APOLLON, fils de Jupiter *& de* Latone.

ARIANE, fille de Minos, *Roi de* Crete, *qui donna un fil à* Thésée, *pour retrouver son chemin dans le labirinthe, & le suivit dans sa patrie. Ce* Heros *vo-*

lage abandonna cette tendre Princeffe dans l'Ifle de Naxos, où Bacchus la prit pour femme. Venus lui donna une couronne, que Bacchus plaça dans le ciel ornée de 8 Etoiles ; c'eft ce que les Aftronomes appellent la couronne d'Ariane.

ARION, fils de Neptune & d'Opnée. Le Roi Periandre l'ayant comblé de richeffes, pour recompenfer fon talent à toucher de la Lyre, les matelots qui le conduifoient le jetterent dans la mer, pour s'emparer de fes tréfors. Un Dauphin, ravi de la douceur de fes chants, le porta fur fon dos jufqu'au promontoire Tenare.

ASTRÉE, fille du géant Aftræus & de l'Aurore ; felon d'autres, fille de Jupiter & de Themis, qui fut appellée par fon équité, Juftice parmi les hommes : on l'appelle encore Vierge dans l'un des douze fignes du Zodiaque.

ATRÉE, fils de Pelops & d'Hippodamie, Roi de Mycenes, maffacra les fils de Thiefte fon frere, & les lui prefenta dans un repas. Par expreffion Patronymique, on appelle Agamemnon & Menelas les Atrides.

ATALANTE, Arcadienne fille de Jafus, bleffa la premiere le Sanglier qui ravageoit l'Oetolie. Meléagre, épris de fa beauté, l'époufa & en eut un fils nommé Parthénopée. Il y a une feconde Atalante fille de Schænée, Roi de Sciros, dont Hippomenes devint l'Epoux, pour l'avoir furpaffée à la courfe. Cybele irritée contre ces deux Amans, parce qu'ils avoient fouillé fon Temple, les changea en Lions.

AURORE, fille de Titan & de la Terre, fut chargée par les Dieux d'annoncer tous les jours au monde la prefence du Soleil. Ses amours les plus connus font avec le jeune Cephale *, avec* Orion, *& le beau* Tithon, *qu'elle transporta dans l'isle de* Delos *, & y épousa.*

AUTHOMEDON , Ecuyer d'Achille *, dont* Homere *parle souvent.*

BACCHANTES , femmes animées de la puissance de Bacchus *, & qui le suivirent dans ses conquêtes.*

BACCHUS , fils de Jupiter *& de* Sémélé *; après avoir conquis l'univers & s'être enfin arrêté à l'extrémité des* Indes *, il enseigna aux hommes l'Art de planter la vigne & de la cultiver. Il aima* Ariane *fille de* Minos *, & la nimphe* Erigone.

*BELIDES ou DANAIDES , étoient au nombre de 50. & épouserent les 50. fils d'*Ægiptus *, qu'elles poignarderent la premiere nuit de leurs noces. La seule* Hypermnestre *sauva la vie à son mari* Lincée. *Les* Danaïdes *furent condamnées dans le* Tartare *à remplir un tonneau percé.*

BIBLIS , fille de Melitus *& de* Cyane *, brula d'un amour exécrable pour son frere* Caunus *, & se pendit de désespoir , voyant qu'il s'étoit expatrié, pour n'être plus le témoin & la cause de cette criminelle ardeur.*

BRISE'IS , fille de Brisès *, qu'*Achille *fit captive dans le sac de* Lyrnese *en* Phrygie : Agamemnon *l'enleva à ce* Heros *qui se tint longtems dans sa tente , sans vouloir combattre , jusqu'à ce que son cher* Patrocle *fût tombé sous le fer du terrible* Hector.

BUSIRIS , Roi d'Egypte *, qui faisoit inhumainement égorger les étrangers , qui lui demandoient l'hospitalité ;* Hercule *en purgea la terre , & le tua.*

CALIPSO, Nimphe, *fille de* l'Océan *& de* Thetis, *habitoit une Isle dans la mer* Ionienne, *qui portoit sonnom.* Ulisse *échoua sur les écueils qui l'environnoient & fut reçû par cette nimphe immortelle, qui le retint sept ans.*

CAPANÉE, *un des sept chefs qui assiégerent The-*
bes ; brave jusqu'à l'impiété , il osoit deffier les fou-
dres de Jupiter *; il périt sous les coups de la vangeance*
de ce Dieu.

CASSANDRE, *fille* d'Hecube *& de* Priam, *fut*
aimée d'Apollon , *à qui elle demanda pour le prix de*
ses faveurs le don de prédire l'avenir ; mais comme
elle lui manqua de parole, ce Dieu ajouta le mal-
heur de n'être jamais crue dans ses predictions : elle
périt sous les coups de Clitemnestre , *pendant qu'Æ-*
giste *immoloit* Agamemnon.

CEPHALE, *fils de* Mercure *& de* Hersé , *épousa*
Procris , *qu'il tua à la chasse la prenant pour une*
Biche.

CEPHÉE, *Roi* d'Ethiopie , *pere* d'Andromede ,
& placé parmi les constellations célestes. voy. Andromede.

CERBERE, *Chien à trois têtes , qui garde l'en-*
trée du Tartare : Hercule *; d'autres disent* Thésée ,
le tira des enfers & le traîna en spectacle dans toutes
les villes de la Grece.

CERÈS, *fille de* Saturne *& de* Rhée , *mere de*
Proserpine *; en cherchant sa fille que* Pluton *avoit en-*
levée , elle apprit aux pays differens qu'elle parcourut
l'Art d'ensemencer les terres & de moissonner le bled.
De ses amours avec Jupiter *elle eut* Proserpine; *avec*
Neptune , *elle eut* Hera *; & avec le beau* Jasion ,
Plutus *Dieu des richesses.*

CHALCAS, *fils d'un* Troyen *nommé* Thestor *; il*
passa au service de l'armée des Grecs *en qualité*
*d'*Augure.

CHIRON, *Centaure , fils de* Saturne *& de* Phylire,
d'autres disent fils d'Ixion *& de la* Junon *supposée ,*

inventa l'*Art* de la Chirurgie ; *il fut le Gouverneur du vaillant* Achille. *voy.* Achille.

CLITIE , nimphe aimée d'Apollon *& changée en* Tournefol.

CRE'USE , fille de Créon *, & femme de* Jason *, chef des* Argonautes. *voy.* Jason.

CIRCE' , fille du Soleil *& de* Perfa , *inventa la Magie : elle aima* Uliffe *dont elle eut plufieurs enfans, entr'autres* Telegone, *qui tua fon pere dans une émeute populaire.*

DANAIDES. voy. Belides.

DAPHNIS , fils de Mercure *, Berger fameux par fa beauté & fa richeffe.*

DEDALE , fameux architecte , qui bâtit le Labirinthe de Créte *, & fut obligé d'avoir recours à des aîles de cire , pour fe fauver de cette Ifle , où le Roi* Minos *le vouloit retenir. Son fils* Icare *périt dans ce merveilleux voyage par fa téméraire ambition.*

DÉIDAMIE , fille de Lycomede *, Roi de* Sciros *, dont* Achille *déguifé en fille eut* Pyrrhus.

DEMOPHOON , fils de Théfée *& de* Phedre *, revenant du fiége de* Troye *, fut pouffé par la tempête fur les côtes de* Thrace *; la Reine* Phyllis *lui donna l'hofpitalité & l'époufa. Il repartit pour* Athenes *, promettant à fa nouvelle époufe un prochain retour.* Phyllis *impatiente & défefperant de le revoir , après l'avoir longtemps attendu , fe pendit à un amandier.*

DIANE , fille de Jupiter *&* d'Afterie *, eft connue fous les noms de* Proferpine *,* Hecate *, & la* Lune. *D'autres la difent fœur d'*Apollon *& fille de* Latone.

DIDON , fille de Belus *Roi de* Tir *& femme de* Sichée *, que* Pigmalion *fit tuer par avarice ; cette Reine fe fauva avec fes tréfors , & débarqua en* Affri-

que, *où elle bâtit* Carthage. Hiarbas *voulant la con-*
traindre à l'épouser, elle se tua; d'autres, & entr'autres
Virgile, *assurent que ce fut par amour pour* Ænée.

DODONE, *forêt dans l'*Œtolie, *dont les chênes*
rendoient les oracles respectés de toute la Grece.

DOLON, *le* Troyen, *excellent coureur, qui s'étant*
offert à Hector *d'aller espionner dans le camp des*
Grecs, *si on lui promettoit les* Chevaux *d'*Achille,
fut surpris par Ulisse & Diomede , *& tué par ces*
deux Princes Grecs.

ENDIMION, *fils* d'Æthlius & *de* Calyce , *fut*
aimé de la Lune , *qui venoit le visiter toutes les nuits*
sur le mont Lathmos.

ERATO , *l'une des neuf* Muses.

ERIPHILE , *femme du devin* Amphiaraüs , *qui*
par avarice montra la retraite où il s'étoit caché, &
*le livra pour le colier qu'*Arnia *fille* d'Adraste *lui*
promit. Alcmeon *vangea son pere & tua* Eriphile.

EURIDICE , *femme* d'Orphée , *est aimée par*
Arinœus, *en le fuyant & ses poursuites obstinées ,*
elle fut piquée d'un serpent & elle périt. Orphée *alla*
redemander Euridice *à* Pluton *qui la lui rendit, à*
condition qu'il ne tourneroit point la tête jusqu'à ce
qu'il fût sur la terre. Il ne put remplir ces conditions ,
& perdit le fruit de son voyage & de ses peines.

GLAUCUS, *Dieu marin aimé de* Circé. voy. Circé.

HECTOR , *le* Troyen, *le plus fort rempart de cette*
ville , fils de Priam & d'Hecube, *tomba sous les coups*
du terrible Achille : *il avoit épousé* Andromaque ,
dont il eut Astianax *ou* Scamandrius.

HELENE , *fille de* Jupiter & *de* Leda , *fut enlevée*
deux fois pour son extréme beauté ; la premiere, par
Thésée & *la seconde, par* Paris, *& elle causa le fameux*

siége de Troye, *qui dura dix ans & coûta tant de Héros à toute* l'Asie.

HERCULE, fils d'Alcmene *; il fut allaité par* Junon *quoique sa cruelle ennemie; il se signala par des travaux sans nombre, parmi lesquels il en est douze conservés à la postérité, & qui lui valurent l'immortalité. Ses amours furent avec* Déjanire, Omphale, Megare, Jole & Chalciope.

HERMIONE, fille de Menelas *& d'*Helene *, qui fut promise dans son enfance au jeune* Oreste. *Mais ayant épousé* Pirrhus, *fils* d'Achille, Oreste *le poignarda, & reprit* Hermione.

HOMERE, le Prince des poëtes Grecs : son nom est Melesigenes; *il fut appellé* Homere, *parce qu'il devint aveugle ; les sçavans sont dans de grandes disputes sur le lieu de sa naissance : sept villes de la* Grece *s'en disputoient l'honneur sçavoir ;* Smirne, Rhodes, Colophon, Salamine, Chio, Argos, *&* Athenes. *Parmi ses ouvrages, il en est deux toujours admirés,* l'Iliade *&* l'Odissée.

HYLAS, fils de Théodamas, *aimé* d'Hercule *; il suivit ce Héros à la conquête de la Toison d'Or ; mais en puisant de l'Eau douce sur un rivage, il tomba dans une source & s'y noya : on dit que pour sa beauté les* Nayades *l'enleverent.*

HYMETE, montagne de l'Attique, abondante en fleurs & en abeilles : on en tiroit aussi un très beau marbre appellé Hymetien *ou* Cecropien.

HYPPOLITE, fils de Thésée *& de l'Amazone* Hyppolite, *fut la victime des amours incestueuses de* Phedre *sa belle mere. Elle l'accusa de l'avoir voulu corrompre, voyant qu'elle ne pouvoit réussir.* Thésée *uria* Neptune *de remplir la parole qu'il lui avoit don-*

née par le Stix ; & le jeune Hyppolite *fut déchiré par un monstre.* Esculape, *à la priere de* Diane *, lui rendit la vie ; il le transporta dans* l'Italie *auprès du bois d'A-ricie , & le nomma* Virbius *, c'est-à-dire , qui a vécu deux fois.*

HIPPODAMIE, fille d'Ænomaüs, *Roi* d'Arcadie, *à qui on avoit prédit qu'il périroit aussitôt que sa fille seroit mariée.* Ænomaüs *vouloit que les Amans de sa fille fissent une course de char avec lui , & le vaincu étoit fait mourir.* Pelops *se présenta & vainquit par subtilité : le Roi se tua , &* Hippodamie *resta au vainqueur.*

HIPPODAMIE , femme de Pirithoüs, *Roi des La-pithes , dont la beauté causa le combat terrible des* Centaures *& des* Lapithes.

HYPPOMANES, Croissance de chair, qui vient au front du poulain , dans les entrailles de la cavale , & qu'elle a soin d'arracher aussitôt qu'il en est sorti. Cet Hyppomane *sert à la* Magie.

JASON , fils d'Æson *& de* Polymele *, fut envoyé par* Pelias *à la conquête de la Toison* d'Or *, avec des Héros qui furent appellés* Argonautes *, parce qu'ils monterent le vaisseau fait par* Argo. *Médée secourut* Jason *dans son entreprise & l'épousa : il eut d'autres amours; entr'autres, il aima* Hipsipile, *Reine de* Lem-nos *&* Créüs, *fille de* Créon. *Médée furieuse de perdre son Epoux , laissa dans le Palais de ce malheureux Roi des traces de sa rage & de son pouvoir.*

ILION , ou Troye *, appellée ainsi* d'Ilus *un de ses Rois. De-là le nom* d'Iliade *, ou Histoire du siége de* Troye *chanté par le divin* Homere.

JOLE , fille d'Eurytus *, Roi* d'Oecalie *, dont* Hercule *devint amoureux.* Déjanire *, son Epouse, lui* envoya la robe teinte du *fang* de Neſſus, *croyant le guérir ; mais ce Heros périt d'un embraſement inteſtin.*

IRIS, *fille de* Thaumante *& d'*Electre *; elle étoit à* Junon, *ce que* Mercure *étoit à* Jupiter : *elle s'annonce à la terre fous la forme de l'Arc-en-ciel.*

ISIS, *connue d'abord fous le nom* d'Io, *fille d'*Inachus. *Elle fut aimée de* Jupiter, *qui la changea en Vache, pour la dérober aux yeux jaloux de* Junon : *celle-cy mit à la garde de cette Vache le paſteur* Argus *qui avoit cent yeux :* Mercure *délivra* Jupiter *de cet eſpion, & le tua.* Junon *à fon tour, pour vanger la mort* d'Argus, *inſpira une fureur à* Io *qui la fit courir par l'univers ; elle traverſa la mer* Ionienne, *qui conſerva fon nom, & s'arrêta en* Egypte, *où* Junon *appaiſée lui rendit fa forme & la nomma* Iſis, *divinité que les* Egyptiens *adorent.*

JUPITER, *fils de* Saturne *& de* Rhée, *fut élevé dans la* Crete, *fur le mont* Ida, *au milieu des* Curetes *ou des* Coribantes, *qui par leur bruit empéchoient* Saturne *de foupçonner fa naiſſance. La Chevre* Amalthée *l'allaita; à peine fut-il en âge, qu'il attaqua & détrôna fon pere ; il devint le fouverain des Dieux & partagea l'univers entre* Neptune, Pluton *& lui. Ses amours font fans nombre ; mais entr'autres, on compte* Metis, Themis, Junon, Juturne, Leda, Europe, Niobe, Laodamie, Alcmene, Antiope, Danaé, Mnemoſine *&* Electre.

LAODAMIE, *femme de* Proteſilas, *qui ayant appris par l'oracle, que le premier qui mettroit le pied fur le rivage de* Troye *feroit la premiere victime de cette guerre, fauta généreuſement & fut tué par* Pandarus. Laodamie *mourut de douleur du trépas de fon mari.*

LEANDRE, *jeune homme* d'Abido, *qui toutes les nuits traverſoit le détroit de* l'Helleſpont, *pour voir* Ero *ſa maîtreſſe qui demeuroit à* Seſtos ; *il fut noyé, en traverſant dans un inſtant, où l'orage étoit conſidérable.*

LEDA, *femme de* Tindare, *Roi de* Làconie, *& aimée de* Jupiter, *qui la vit ſous la forme d'un Cigne : elle accoucha de deux œufs, dont ſortirent* Pollux *&* Helene *de l'un, & de l'autre* Caſtor *&* Clitemneſtre.

LEMNOS, Iſle *Ciclade, dans laquelle fut élevé* Vulcain : *les femmes* Lemniennes *tuerent un jour tous les hommes de l'Iſle, excepté* Hypſipile, *qui ſauva ſon pere.* Venus *les punit & les rendit odieuſes à toute la* Grece.

MARS, *fils de* Junon *fut élevé dans la* Thrace ; *il fut épris des charmes de* Venus, *& ſurpris avec elle par* Vulcain *qui les enveloppa dans un filet, & donna ce ſpectacle à tous les* Dieux. *Certains Auteurs prétendent qu'il avoit pour femme* Bellone.

MÉDÉE, *fille d'* Æete, *Roi de* Colchos. voy. Jaſon.

MEDUSE, *fille de* Phorcus *& d'un monſtre marin ; elle exerça ſes cruautés dans les Iſles* Dorcades *avec ſes deux ſœurs* Euriale *&* Sthenione : *mais* Perſée *la tua. Sa téte étoit ſi terrible, que qui conque la voyoit étoit changé en pierre. On les appelloit les* Gorgones.

MEGARE, *fille de* Créon *& femme d'*Hercule, *qu'un jour ce* Heros *tua dans ſa fureur.*

MELEAGRE, *fils d'*Oénée *roi d'*Oetolie. voy. Atalante.

MENELAS, *fils d'*Atrée, *frere d'*Agamemnon, *Roi de* Sparte *& mari d'*Helene, *qui lui fut enlevée par* Paris. voy. Helene.

MINOS, *roi de* Crete, *fils de* Jupiter *& d'*Europe,

épousa Pasiphaé, bâtit le Labirinthe. Pour sa grande justice, les Dieux le nommerent un des trois Juges des Enfers : les deux autres sont Æacus & Rhadamante.

MOMUS, fils du Sommeil & de la Nuit ; ce Dieu fut banni du Ciel, parce qu'aucun des Dieux & des Déesses n'étoit à l'abri de sa cruelle Satire.

MYCENES, ville de l'Achaïe, bâtie par Persée & voisine d'Argos.

MYRRHA, fille de Ciniras, qui, embrasée d'une ardeur incestueuse pour son pere, s'introduisit dans son lit. Le pere connoissant le crime de sa fille voulut la tuer ; mais elle se sauva par l'Arabie, & s'arrêta enfin dans un endroit où elle fut changée en un arbre qui porte son nom ; elle accoucha d'un fils qui fut appellé Adonis.

NEMESIS, Déesse que Jupiter a chargé de punir les crimes des hommes : elle marche couverte de fouets, & de divers instruments pour les supplices. Nemesis & les Remors sont la même chose.

NESTOR, fils de Neleus, Roi de Pilos, qui vint à Troye avec 50. Vaisseaux. Il a vécu trois généra-tions, & il étoit le prince le plus prudent & le plus res-pectable de l'armée Grecque.

NIRÉE, Roi de Naxos, qui se trouva au siège de Troye ; il étoit le plus beau des Grecs, après Achille.

NISUS, Roi de Megare, avoit un cheveu de couleur de pourpre, dont la conservation assuroit cel-le de son Royaume. Scilla, sa fille, éprise de la plus vive passion pour Minos qui assiégeoit la Ville de Megare, coupa le fatal cheveu & l'envoya à ce Roi.

OCTAVIE, sœur d'Auguste, qu'Antoine épou-sa & repudia ensuite, pour plaire à Cléopâtre.

ORION, fils d'Hiriée & d'Alcione, le plus grand

chasseur de son temps. Il mérita après sa mort d'être placé parmi les constellations.

ORPHÉE, fils d'Apollon & de Calliope. voy. Euridice.

PALLAS ou Minerve, sortit du cerveau de Jupiter qui avoit dévoré sa premiere femme Metis. Elle est la Déesse de la Guerre & des Arts. Quoiqu'on l'apelle Vierge, Higiée ou la Déesse de la Santé náquit d'elle & d'Esculape.

PARIS, fils de Priam & d'Hecube ; il causa la ruine de sa patrie par l'amour qu'il conçut pour Helene qu'il enleva. voy. Helene, Andromaque. Il eut l'honneur de terminer le different des trois Déesses, Junon, Pallas & Vénus pour le prix de la beauté.

PARTHENIUS, Montagne d'Arcadie ; Il y a aussi une Ville de ce même nom.

PASIPHAÉ, fille du Soleil & de Persides, femme du Roi Minos, dont elle eut Androgée, Ariane, & Phedre. Vénus, irritée contre le Soleil qui avoit découvert ses amours avec Mars, résolut de poursuivre sa vangeance sur tous ses descendans. Elle inspira à Pasiphaé une ardeur monstrueuse pour un taureau : Dedale la secourut ; & elle eut le Minotaure. voy. Ariane.

PATROCLE, fils de Menetius de Locres, ami intime d'Achille : il le suivit au siége de Troye, où il périt sous les coups d'Hector. voy. Achille, Briséis.

PELOPS, fils de Tantale & de Taygete. Son pere impie le tua & le presenta à la table des Dieux, voulant connoître s'ils s'en appercevroient : Minerve mangea de l'épaule ; mais Jupiter fit rassembler le corps & le ranima ; il remplaça l'épaule par une d'ivoire qui guérissoit tout ce qu'elle touchoit. Tantale fut précipité au fond du Tartare. Pelops épousa Hippodamie *fille* d'Ænomaus. *voyez* Hippodamie.

PENELOPE, *fille* d'Icare & de Peribée, *épouse* d'Ulisse, *Roi* d'Ithaque, *mérita par sa fidélité & sa vertu de servir de modele à toutes les femmes. Elle amusa, pendant 20. ans, les Princes qui vouloient l'épouser, jusqu'au retour de son mari* Ulisse, *qui les fit tous périr. Elle est mere de* Télémaque.

PERILLUS, *habile ouvrier* Athenien, *qui donna au tiran* Phalaris *un Taureau d'airain, pour faire périr les hommes dans l'horreur des tourmens, en mettant du feu dessous. Le tiran, pour le recompenser, le fit mettre dans le taureau, & fit sur lui l'essai de l'invention qu'il destinoit pour les autres.*

PERSE'E, *fils de* Jupiter & *de* Danaé & *petit fils* d'Acrisius, *qui avoit renfermé sa fille dans une tour.* Jupiter *y pénétra en pluye d'or.* Persée *fut chargé d'aller tuer la Gorgone* Meduse. *voy.* Meduse., Andromede.

PHALARIS, *tiran* d'Agrigente, *dont les cruautés ont fait passer son nom à la postérité. voy.* Perillus.

PHEDRE, *fille de* Minos, *Roi de* Crete & *de* Pasiphaé, & *femme de* Théfée. *voy.* Hyppolite.

PHILLIS, *voy.* Démophoon.

PHINE'E, *Roi* d'Arcadie, *qui, à l'instigation de sa seconde femme, ayant crevé les yeux à ses fils, fut puni du Ciel qui le rendit aveugle ; les Harpies venoient le tourmenter & l'empêcher de manger : mais* Zéthus & Calas *le délivrerent enfin des importunités de ces oiseaux exécrables.*

PHŒNIX, *Gouverneur* d'Achille. *voy.* Achille.

PLEYADES, 7. *filles* d'Atlas, *sont sept étoiles qui se trouvent sur l'épaule du* Taureau, 2°. *constellation du* Zodiaque. *Il ne faut point les confondre avec les* Hyades , *qui sont au tour de l'œil du* Taureau.

P O L L U X , *fils de* Jupiter *& de* Leda *& frere* d'Helene. *voy.* Leda.

P O M P E' E , *surnommé le* Grand, *fut un des plus grands hommes à qui* Rome *ait donné la naissance. Il fut enfin vaincu par* Cesar , *obligé de s'enfuir en* Egypte , *où il fut tué en trahison par* Septime *&* Achillas, *selon les ordres du jeune* Ptolomée.

P R I A M , *fils de* Laomédon , *Roi de* Troye : *il eut cinquante fils , dont les principaux furent* Hector , Paris, Troïlus, Déiphobe, Helenus, *&* Polites. *Il vit périr toute cette superbe famille & périt lui-même sous les coups de* Pirrhus.

P R O C R I S , *fille* d'Erechtée, *Roi* d'Athenes, *& femme de* Cephale. *Dans sa jalousie , elle le guetta à la chasse & se cacha derriere des* Arbrisseaux *pous l'épier.* Cephale , *croyant voir quelque bête , lança son javelot & la tua.*

P R O G N E' , *fille de* Pandion, *Roi* d'Athenes *& femme de* Terée , *Roi de* Thrace. *Celui-ci devint amoureux de la sœur de* Progné *& la viola ; craignant qu'elle ne déclarât, ses crimes il lui coupa la langue.* Philomele *fit tenir à sa sœur un mouchoir teint de son sang ; & bientôt sa prison fut rompue par* Progné *& les* Bacchantes. Itis, *fils de* Térée *& de* Progné, *fut déchiré & servi à* Terée. Philomele *fut changée en* Rossignol , Prognée *en* Hirondelle , Itis *en* Phaisan , *&* Terée *en* Huppupe.

P R O T E S I L A S , *voy.* Laodamie.

P R O T E' E , *fils de* Neptune *& de* Phœnice ; *il avoit le don de prédire l'avenir ; mais il falloit le dompter & n'être pas étonné de toutes les métamorphoses*

phoſes par leſquelles il paſſoit. Il étoit le Paſteur des Phoques *ou troupeaux marins.*

PSICHE', *fille* d'Apollon *&* d'Endelechie, *étoit d'une ſi grande beauté, que* l'Amour *brûla pour elle de la plus vive ardeur &* l'épouſa.

PYLADES, *fils de* Strophus, *de Phocée, fidele ami* d'Oreſte *qu'il n'abandonna point dans ſes fureurs, & qu'il ſuivit juſqu'à* Tauris. *Là, il s'offrit à la mort pour lui ; mais* Iphigénie *prêtreſſe de l'Autel de* Diane, *ayant reconnu ſon frere* Oreſte, *les ſauva tous les deux, & emporta la Statue de* Diane, *à laquelle étoit attachée la tranquillité d'eſprit d'*Oreſte.

PIRITHOUS, *fils* d'Ixion, *Roi des* Lapithes ; *il deſcendit avec* Théſée *aux* Enfers, *pour enlever* Proſerpine *dont il étoit amoureux ; mais il fut dévoré par* Cerbere : *il avoit épouſé* Hippodamie. *voyez* Hippodamie.

RHESUS, *Roi de* Thrace, *qui vint au ſecours de* Troye *avec la plus belle Cavalerie de l'univers ; il fut tué par* Diomede *&* Uliſſe *pendant la nuit au milieu de ſon camp.*

ROMULUS, *fils de* Mars *&* d'Ilia. *Il fonda* Rome, *& fut adoré ſous le nom de* Conſus *ou* Quirinus.

SCILLA, *voy.* Niſus.

SÉME'LE', *fille de* Cadmus, *Roi de* Thebes, *dont* Jupiter *devint amoureux & dont il eut* Bacchus. *Pour elle, trompée par* Junon, *demanda à* Jupiter *ſur le ſerment du* Stix *de venir la trouver dans la gloire qui l'environnoit ordinairement : elle fut embraſée.*

SIMOIS, *fleuve auprès de* Troye, *qui prend ſa ſource dans le mont* Ida *& va ſe jetter dans le* Xanthe.

L

SYRENES, *trois filles* d'Acheloüs *& de* Melpo-
mene. *Elles attiroient les navigateurs par la douceur
de leurs chants, & les dévoroient : elles fixoient leur
séjour auprès du* Cap Pelore *en* Sicile. Orphée, *par la
sublimité de ses accords, sauva les* Argonautes *de leurs
piéges,* & Ulisse *s'en préserva par sa prudence.*

SOYROS, *Isle de la mer* Egée, *dont* Lycomede
étoit Roi. *voy.* Achille, Déidamie.

TECMESSE, *voy.* Ajax.

TEREÉ, *voy.* Progné.

THAIS, *fameuse Courtisanne* d'Alexandrie, *qui
alla s'établir à* Athenes, *& y fit une fortune immense.*

THÉTIS, *fille de* Nerée, *fut femme de* Pelée,
pour terminer le differend entre Jupiter *&* Neptune *qui
l'aimoient tous deux, parce que le destin avoit dit
que le fils de l'époux de* Thetis *seroit plus grand que
son pere. Elle eut* Achille. *voy.* Achille.

THE'SÉE, *fils de* Neptune, *& selon d'autres*
d'Egée. *Il purgea la terre de monstres & de brigans,
en suivant les traces* d'Hercule. *voy.* Hyppolite, Phedre, Ariane.

THRASIUS ou THRASÉASI, *augure de* Busiris, *Roi* d'Egypte.

THIESTE, *fils de* Pelops *&* d'Hippodamie. *voy.*
Ærope, Atrée, Ægisthe.

VESTALES, *prêtresses qui conservoient à* Rome
le feu sacré destiné à Vesta. *Celle qui le laissoit éteindre étoit enterrée vive.*

ULISSE, *fils de* Laërte *&* d'Anticlée. *voy* Achille,
Penelope.

VULCAIN, *fils de* Junon *& époux de* Vénus.
voy. Lemnos, Mars. *Il avoit le soin de forger les
foudres de* Jupiter.

F I N

AVIS
DE L'EDITEUR.

Quand on m'a remis entre les mains le Manuscrit de l'Art d'Aimer, j'y ai trouvé quelques vers, qui, selon moi, étoient durs, d'autres peu françois. J'ai remarqué aussi plusieurs lacunes ; c'est ce qui m'a determiné à oser réparer le mieux qu'il m'a été possible ces défauts, croïant n'être pas fautif, en me hasardant de faire quelques corrections dans l'ouvrage d'un homme mort : je n'avois pas l'honneur de connoitre Monsieur son fils digne héritier des talens du pere dans les lettres, qui m'a fait un crime de ma témérité & m'a fait voir le chagrin qu'il ressentoit en voyant altérer en la moindre chose un ouvrage qui lui est sacré. Il a exigé de moi & de la complaisance du Libraire l'Errata suivant, que nous mettons pour laisser au Public le plaisir de choisir & de juger ; il y a cependant deux ou trois vers dans lesquels se sont glissées quelques fautes typographiques & que nous avons eu soin de marquer d'un * asteric.

ERRATA OU CHANGEMENS.

Pag. 1. v. 3.
Mon but est leur défaite, & je viens vous armer.
lis.
Je viens pour leur conquête aujourd'hui vous
  armer.
v. 7.
C'est l'art à qui l'Amour doit ses plus beaux
  exploits.
lis.
C'est à l'art que l'Amour doit ses plus beaux
  exploits.
Pag. 2. v. 1.
Je suis Automedon & Tiphis en amour.
lis.
Je suis l'Automedon, le Tiphis de l'amour.
v. 3.
Je connois cet Amour; il est fier, intraitable.
lis.
Je connois trop l'Amour, il est fier, intraitable.
v. 8.
Ce bras qu'accompagnoient & la mort & l'effroi
lis.
Ce Héros, dont le bras semoit partout l'effroi.
v. 13. & 14.
Le Taureau sous le joug voit sa rage inutile:
Le Coursier sous le mords devient enfin docile.
lis.
Tous deux font redouter leur abord difficile;
Mais le fougueux Taureau devient enfin docile.
v. 16.
Tu traiteras bientôt tes sujets en amis.
lis.
Tu vas bientôt traiter tes sujets en amis.
v. 19.
Je ne veux point ici des faveurs d'Apollon.

lisez
Je ne demande point les faveurs d'Apollon.
Pag. 3. *v.* 1. 2. *&* 3.

Triste séyérité, qu'invoque la pudeur,
Fuis ; tu ne connois pas une si belle ardeur.
Venus m'inspire ici : j'y chante ses mystéres ;
lis.

Triste sévérité, qu'invoque la pudeur,
Fuyez, ou partagez une si belle ardeur ;
J'enseigne de Venus les plus secrets mystéres.
v. 8.

Digne de votre choix & de votre tendresse.
lis.

Qui soit le digne objet d'une vive tendresse.
v. 13. *&* 14.

Voilà de mes leçons quel sera le sujet :
Voilà le but heureux de mon nouveau projet.
lis.

Tel est de mes leçons l'agréable sujet.
Tel est le but heureux de mon nouveau projet.
v. 15. *& suiv.*

Aucun engagement ne vous retient encore ;
Parmi tant de beautés aussi jeunes que Flore,
Votre cœur s'abandonne à des desirs naissans :
C'est là l'instant fatal. En garde sur vos sens.
Consultez, choisissez ; prêt à rendre les armes,
Evitez de rougir sur l'objet de vos larmes.
Si votre choix est fait, dans des momens si doux,
Répétez mille fois : *je n'aimerai que vous.*
lis.

Tandis que libre encor sur l'amoureux Neptune
Votre cœur à son gré peut tenter la fortune
Choisissez qui réponde à ces mots gracieux :
Vous seule possédez ce qui plait à mes yeux.
v. 25. *& suiv.*

Il la cherche, il l'attend au milieu des Forêts,
Et malgré ses détours l'engage dans ses rêts.
Du cruel Sanglier il connoît la retraite :
Il marche vers son fort ; il l'attaque, il le guette.

Le prudent Oiseleur choisit un arbre épais ;
Qui puisse dérober & tenir ses filets.
Le Pêcheur attentif s'informe du rivage ;
Profite du moment, que suit un long orage ;
Il sçait, où sans frayeur repose le poisson ;
Il prépare sa ligne & jette l'hameçon.
Guettez vous-même ainsi celle qui peut vous
    plaire ;
Le plaisir & l'amour seront votre salaire.

lis.

Il la poursuit lui-même au milieu des forêts ;
Et malgré ses détours l'engage dans ses rêts.
Cherchez vous-même aussi celle qui peut vous
    plaire ;
Cupidon à vos soins prépare un doux salaire.

Pag. 4. *ôtez les vers* 10. *jusqu'à* 17.

v. 19.

Tout ce que l'univers a d'objets plus charmants.

lis.

Tout ce que l'univers a vu d'objets charmans.

v. penult.

Le choix fait l'embarras : à qui rendre les
    'armes ;

lis.

De tant d'objets si doux auquel rendre les
    armes.

Pag. 5. *v.* 4.

Parcourez en Eté ces agréables lieux ;
Dont l'ombrage procure un frais voluptueux ;

lis.

Parcourez seulement ces jardins spacieux ,
Dont l'ombrage recele un frais délicieux.

v. 8.

Chacune vient briller & disputer les cœurs.

lis.

Chacune vient brillante y disputer les cœurs.

vers à restituer après

Aime à ravir des vœux , qu'on ne lui portoit
    pas.

lisez après

Jufques dans le Barreau ; qui de nous l'eût pû
   croire ,
Ce Dieu vient fur Thémis fignaler fa victoire :
Malgré les cris aigus dont ce lieu retentit,
Le feu du plaidoyer fouvent s'y rallentit :
Les plus grands Orateurs y perdant la parole ,
Ont recours aux leçons d'une nouvelle Ecole :
Là fur un point de droit l'Avocat confulté ,
Confulte en deux beaux yeux la tendre faculté.

Pag. 6. v. 5.

Hâtez vous : le plaifir vous appelle au fpectacle,
L'Amour fur cette Mer fait voile fans obftacle :
A qui fuit les ardeurs , Voyage dangereux !

lif.

Qu'un vif empreffement vous conduife au
   fpectacle.
L'amour fur cette Mer fait voile fans obftacle :
A qui fuit fon pouvoir , Voyage dangereux.

v. 11.

Engagent tous les cœurs à courir les tenter.

lif.

Invitent tous les cœurs à venir les tenter.

v. dernier.

Quand , voulant le bonheur de nos premiers
   ayeux.

lif.

Quand voulant aux Romains affurer des
   neveux.

Pag. 7. v. 6.

Et fans luxe approuvoient une fcene burlefque :

lif.

Et fans goût approuvoient une fcene burlefque :

v. 8.

D'un œil avide il fuit l'objet de fes defirs.

lif.

Il dévore des yeux l'objet de fes defirs.

Pag. 8. v. antip.

Rien fur eux n'eft tombé , qui demande vos
   foins :
Qu'importe ? paroiffez ne l'en ôter pas moins.

lif.

Qu'importe, elle le veut : ne l'en ôtez pas
moins.

*Pag. 9. v. 11. jusqu'à la Page 11. vers 7. Il faut
passer tous ces vers.*

v. 13.

Environné des Jeux, tient sa riante Cour ;
Dans ces Cercles galans, le triomphe des Bel-
les,
Ce Souverain des cœurs blesse les plus cruelles.

lif.

Au milieu des plaisirs tient sa brillante Cour ;
Dans ces Cercles galans, où triomphe les
Dames,
Ce Souverain des cœurs brule tout de ses
flammes.

v. 22.

Dans ce charmant Nectar offert par une Belle,
L'Amour, ce Dieu badin aime à tremper son
aile ;
Il la secouë en vain, & prêt à s'en aller,
Cette humide liqueur l'empêche de voler.

lif.

Dans ce nouveau Nectar présenté par les
Belles,
Ce petit Dieu folâtre aime à tremper ses ailes :
Il les secouë en vain, & prêt à s'en aller,
Cet humide lien l'empêche de voler.

Pag. 12. v. 4.

Sous le Pampre on sent naître un riant badinage :

lif.

La liberté fait naître un riant badinage.

v. 11. & 12.

Qu'on prise justement les objets les plus beaux ;
La nuit est pour Bacchus un tems propre à
séduire.

lif.

Qu'on juge sainement des objets les plus beaux ;
La nuit pour nous tromper avec le vin cons-
pire.

v. 18. *& suiv. à passer.*

Pag. 13. *v.* 14.

Mais l'un est maladroit à voiler sa foiblesse.

lis.

Mais que l'un sçait bien mal deguiser sa foiblesse.

v. 17.

Nous les verrons voler & prévenir nos vœux.

lis.

Nous les verrons courir au devant de nos vœux

v. penult.

La Femme a des transports que guide la fureur.

lis.

La femme a des transports ou plutôt des fureurs.

Pag. 14. *v.* 13.

* Et sa mort trop funeste termina son erreur.

lis.

Et sa mort de sa faute expia la noirceur.

v. 17.

D'une tremblante main lui présente son herbe.

lis.

Et de sa propre main va lui couper son herbe.

v. 22.

Que te reviendra-t-il d'orner tes beaux cheveux.

lis.

Que te reviendra t-il d'arranger tes cheveux.

Pag. 15. *v.* 9.

Semblable à mon amour, ma fureur est extrême.

lis.

Ainsi que mon amour, ma fureur est extrême.

Pag. 18. *v.* 10.

* Sur elle cependant ne tentez point vos droits.

lis.

Sur elle cependant n'étendez point vos droits.

Pag. 25. *v. dernier.*

* Le silence est souvent ce qui parle mieux.

lif.
Le filence eft fouvent ce qui parle le mieux.

Pag. 39. vers 18.
Eleve tout à coup fon vol ambitieux,
Laiffe ramper fon pere, & monte au haut des
Cieux.

lif.
Elevant tout à coup fon vol ambitieux,
Il fuit loin de fon Pere & monte au haut des
Cieux.

Pag. 49. vers dernier.
Vous fçavez.
lif.
Vous fçaurez.

Pag. 61. vers 23.
* Je n'ai pas, je l'avoue
lif.
Je n'ai pas, j'en conviens.

Pag. 72. vers 17.
* La honte n'en n'eft pas
lif
La honte n'en eft pas

Pag. 83. vers 20.
* La langueur en révolte
lif.
La longueur en révolte

Pag. 89. v. 2.
* Enfevelir lavôtre, c'eft une cruauté.
lif.
* Enfevelir la vôtre eft une cruauté.

Pag. 110. vers dernier.
Si vous n'en préfentez que des fujets de pleurs
lif.
Si vous n'en preffentez que des fujets de pleurs,

Pag. 111. vers penult.
Leur poifon cependant fe gliffe au fond de
l'ame
lif.
Le poifon cependant fe gliffe dans fon ame.

F I N.